Voltaire | Dieses widerliche Gemetzel

AF630309

[Was bedeutet das alles?]

Voltaire

Dieses widerliche Gemetzel

Über das Leid der Tiere und den Vegetarismus

Aus dem Französischen übersetzt von Ulrich Bossier

Nachwort von Tobias Roth

Reclam

RECLAMS UNIVERSAL-BIBLIOTHEK Nr. 14075
2023 Philipp Reclam jun. Verlag GmbH,
Siemensstraße 32, 71254 Ditzingen
Gestaltung: Cornelia Feyll, Friedrich Forssman
Druck und Bindung: Esser printSolutions GmbH,
Untere Sonnenstraße 5, 84030 Ergolding
Printed in Germany 2023
RECLAM, UNIVERSAL-BIBLIOTHEK und
RECLAMS UNIVERSAL-BIBLIOTHEK sind eingetragene Marken
der Philipp Reclam jun. GmbH & Co. KG, Stuttgart
ISBN 978-3-15-014075-8

Auch als E-Book erhältlich

www.reclam.de

Inhalt

Tiere

Wie erbärmlich, wie armselig ist doch die Behauptung, Tiere seien Maschinen ohne Verstand und Gefühl, die ihre Verrichtungen immer auf die gleiche Weise vollführen, die nichts lernen, nichts vervollkommnen, usw.[1]

Wie denn! Dieser Vogel, der sein Nest im Halbkreis anlegt, wenn er es an einer Mauer befestigt, der es im Viertelkreis baut, wenn es sich in einer Ecke befindet, und auf einem Baum im Kreis: Dieser Vogel arbeitet jedes Mal gleich? Dieser Jagdhund, den du drei Monate lang abgerichtet hast: Kann er nach dieser Zeit nicht mehr, als er vor deinem Unterricht konnte? Der Kanarienvogel, den du eine Melodie lehrst – pfeift er die augenblicklich nach? Wendest du nicht eine beträchtliche Zeit auf, ihn zu unterrichten? Hast du nicht bemerkt, dass er sich vertut und sich korrigiert?

Kommst du, weil ich mit dir spreche, zu dem Urteil, dass ich über Gefühl, Gedächtnis, Gedanken verfüge? Nun denn: Ich spreche nicht mit dir. Du siehst mich betrübt nach Hause kommen, voller Unruhe nach einem Schriftstück suchen, den Schreibtisch öffnen, in den ich es meiner Erinnerung nach eingeschlossen habe, es finden, es mit Freuden lesen. Du urteilst, ich hätte Gefühle wie Betrübnis und Vergnügen verspürt und besäße Erinnerungs- und Erkenntnisvermögen.

Übertrage nun dieses Urteil auf den Hund, der seinen Herrn verloren hat, der auf allen Wegen mit schmerzlichem Gejaule nach ihm gesucht hat, der ins Haus rennt, aufgeregt, besorgt, treppauf und treppab, von Zimmer zu Zimmer, der seinen geliebten Herrn endlich in dessen Kammer findet und ihm seine Freude durch sein sanftes

Jaulen, seine Luftsprünge und seine Liebkosungen bezeugt.

Nun packen Barbaren diesen Hund, dessen Fähigkeit zur Freundschaft die des Menschen so wundersam übertrifft. Sie nageln ihn auf einen Tisch und sezieren ihn bei lebendigem Leibe, um dir seine Gekrösevenen zu zeigen. Du entdeckst in ihm all die gleichen Organe des Empfindens, die sich auch in dir befinden. Antworte mir, Verfechter der Maschinenthese: Hat die Natur in diesem Tier alle Anlagen für das Empfinden bereitgestellt, damit es nicht empfindet? Hat es Nerven, um empfindungslos zu sein? Unterstelle doch nicht der Natur einen derart unangemessenen Widerspruch.

Aber die Meistergelehrten fragen, was die Seele der Tiere sei. Ich verstehe diese Frage nicht. Ein Baum hat die Fähigkeit, in seine Fasern den Saft aufzunehmen, der ihn durchfließt, Knospen für seine Blätter und seine Früchte zu entwickeln; wollt ihr mich nun fragen, was die Seele dieses Baumes ist? Er hat diese Gaben empfangen; das Tier hat die Gaben des Gefühls, des Gedächtnisses und einer gewissen Anzahl Gedanken empfangen. Wer hat all diese Gaben gemacht? Wer hat all diese Fähigkeiten verteilt? Jener, der das Gras auf den Feldern wachsen und die Erde um die Sonne kreisen lässt.

Die Seelen der Tiere sind substantielle Formen, sagte Aristoteles, und nach Aristoteles sagte es die arabische Schule, und nach der arabischen die aquinische Schule[2], und nach der aquinischen Schule die Sorbonne, und nach der Sorbonne niemand mehr.

Die Seelen der Tiere sind Materie, tönen andere Philosophen. Sie hatten damit nicht mehr Erfolg als die vorigen.

Man hat sie vergebens gefragt, was das denn sein soll, eine materielle Seele. Sie mussten einräumen, dass es sich um Materie handelt, die Empfindung besitzt; aber wer hat ihr diese Empfindung eingegeben? Es ist eine materielle Seele, das heißt, es ist Materie, die der Materie Empfindung eingibt: Aus diesem Zirkelschluss kommen sie nicht heraus.

Hört, was andere Tölpel über Tiere meinen: Ihre Seele ist ein geistiges Wesen, das mit dem Körper stirbt, aber welchen Beweis habt ihr dafür? Welche Vorstellung habt ihr von diesem geistigen Wesen, das doch Gefühl, Gedächtnis und sein Maß an Gedanken und Kombinationsvermögen besitzt, das aber niemals wissen kann, was ein Kind mit sechs Jahren weiß? Auf welcher Grundlage meint ihr, dass dieses Wesen, das nicht Körper ist, mit dem Körper vergeht? Die größten Tölpel sind jene, die vorgebracht haben, diese Seele sei weder Körper noch Geist. Was für ein hübsches System. Wir können uns unter Geist nur etwas Unbekanntes vorstellen, das nicht Körper ist; so läuft das System jener Herren darauf hinaus, dass die Seele der Tiere eine Substanz sei, die weder Körper ist noch etwas, das nicht Körper ist.

Wie kommen derart viele einander widersprechende Irrtümer wohl zustande? Durch die seit jeher bei den Menschen vorhandene Gewohnheit, zu untersuchen, was eine Sache ist, bevor sie wissen, ob sie existiert. Man nennt die Zunge, das Ventil eines Blasebalgs, die Seele des Blasebalgs. Was ist diese Seele? Es ist ein Name, den ich diesem Ventil gegeben habe, das sich senkt, Luft hereinlässt, wieder hochgeht und sie durch ein Rohr hinausdrückt, wenn ich den Blasebalg betätige.

Es gibt gar keine Seele, die sich von diesem Apparat unterscheiden ließe. Wer aber lässt den Blasebalg der Tiere sich bewegen? Ich habe es euch schon gesagt: derjenige, der die Sterne sich bewegen lässt. Der Philosoph, der sagte: »Deus est anima brutorum«[3] hatte recht, aber er hätte weiter gehen müssen.

Dictionnaire philosophique portatif (dt. *Philosophisches Taschenwörterbuch*), 1764, Artikel »Bêtes«

Das Denken der Tiere

Aus der Annahme, dass die Menschen fortwährend Gedanken, Wahrnehmungen, Vorstellungen haben, folgt ganz selbstverständlich, dass auch die Tiere all dies immerfort haben. Denn es ist unbestreitbar, dass ein Jagdhund eine Vorstellung von seinem Herrn besitzt, dem er gehorcht, und von dem Wild, das er ihm apportiert. Es ist offensichtlich, dass er über ein Gedächtnis verfügt und ein paar Gedanken miteinander kombinieren kann. Wenn also das Denken des Menschen zugleich die Essenz seiner Seele war, so war das Denken des Hundes auch die Essenz der seinen; und wenn der Mensch immerfort Gedanken hatte, dann mussten wohl auch die Tiere immerfort welche haben. Um dieser Schwierigkeit zu entgehen, hat der Erfinder der Wirbel und der geriffelten Materie[1] zu behaupten gewagt, Tiere seien reine Maschinen, die sich Essen suchten, ohne Appetit zu verspüren, die zwar die Organe des Empfindens besäßen, ohne doch jemals das Mindeste zu empfinden, die schrien ohne Pein, die Vergnügen zeigten ohne Freude, die ein Gehirn besäßen, ohne dass auch nur der flüchtigste Gedanke hineingelänge, und die auf diese Weise einen immerwährenden Widerspruch der Natur darstellten.

Dieses System war genauso lächerlich wie das andere; aber anstatt seine Absurdität zu entlarven, bezeichnete man es als gottlos – man behauptete, es stehe im Gegensatz zur Heiligen Schrift, in der es im 1. Buch Mose heißt: »Gott schloss mit den Tieren einen Vertrag und wird von ihnen das Blut der Menschen zurückfordern, die sie gebissen oder gefressen haben«[2], was offensichtlich unterstellt, dass in den Tieren Intelligenz und die Kenntnis von Gut und Böse vorhanden seien.

Le Philosophe ignorant (dt. *Der unwissende Philosoph*), 1766, Abschnitt VI: »Les bêtes« [Überschrift vom Verlag]

Mitgefühl gegenüber den Tieren

Da wir uns vorgenommen haben, unserem Werk ein paar nützliche Anmerkungen beizufügen, halten wir in diesem Zusammenhang[1] fest: Gott hat, so heißt es in der Schrift, mit Noah und allen Tieren einen Bund gemacht, und trotzdem erlaubt er Noah, »alles zu essen, was da lebt und sich regt«; nur das Blut nimmt er aus: davon soll der Mensch nicht zehren. Gott fügt noch hinzu, »dass er Rache nehmen wird an allen Tieren, die Menschenblut vergossen haben«[2].

Aus diesen und mehreren anderen Stellen kann man folgern, was die ganze Antike bis in unsere Tage geglaubt hat und was alle verständigen Menschen glauben: dass Tiere ein gewisses Maß an Bewusstsein besitzen. Gott schloss keine Bündnisse mit den Bäumen und den Steinen, die keinerlei Empfinden besitzen, wohl aber mit den Tieren, denen er ein Empfinden zu verleihen geruhte, das oft feinfühliger ist als das unsere, sowie einige Vorstellungen, die notwendig mit diesem Empfinden zusammenhängen. Deshalb verbittet er sich die Barbarei, sich von ihrem Blut zu nähren, denn in der Tat ist das Blut der Quell des Lebens und folglich auch des Empfindens. Beraubt man ein Tier seines ganzen Blutes, funktioniert keines seiner Organe mehr. Die Heilige Schrift sagt deshalb völlig zu Recht an hundert Stellen, dass die Seele – im Sinne dessen, was man die *anima sensitiva*[3] nannte – ihren Sitz im Blut hat; und diese so selbstverständliche Vorstellung findet sich bei allen Völkern.

Auf dieser Vorstellung beruht auch die Forderung nach Mitgefühl, das wir den Tieren schuldig sind. Von den sieben Geboten der Noachiden[4], die später die Juden übernahmen, verbietet eine, das Körperglied eines lebenden Tieres zu verzehren. Dieses Gebot beweist, dass die Menschen grausam genug waren, Tiere zu verstümmeln, um die abgetrennten Glieder zu verzehren, und dass sie sie am Leben ließen, um sich nacheinander von ihren Körperteilen zu ernähren. Dieser Brauch hielt sich tatsächlich bei einigen barbarischen Völkern, wie man an den Opferungen sieht, die auf der Insel Chios dem Dionysos Omadios dargebracht wurden, dem Rohfleischesser[5]. Wenn Gott erlaubt, dass die Tiere uns zur Nahrung dienen, befiehlt er aber doch eine gewisse Humanität ihnen gegenüber. Es hat ja auch etwas Barbarisches, ihnen Leid zuzufügen; sicher vermindert nur die Gewohnheit in uns das Grauen davor, ein Tier umzubringen, das wir eigenhändig aufgezogen haben. Es hat immer Völker gegeben, die dagegen große Bedenken hatten; diese Bedenken dauern bis heute an auf der indischen Halbinsel. Die gesamte Sekte der Pythagoräer[6] in Griechenland und Italien enthielt sich beständig des Fleischverzehrs. Porphyrios[7] wirft in seinem *Buch von der Enthaltung* einem seiner Schüler vor, er habe seine Sekte nur verlassen, um seinem barbarischen Appetit zu frönen.

Man muss wohl, scheint mir, der naturgegebenen Einsichtsfähigkeit entsagt haben, wenn man zu behaupten wagt, Tiere seien bloß Maschinen. Es liegt ein offensichtlicher Widerspruch darin, wenn man einräumt, Gott habe den Tieren alle Organe des Empfindens mitgegeben, und behauptet, er habe ihnen aber keine Empfindungen gegeben.

Weiter scheint mir, dass man wohl niemals Tiere beobachtet haben muss, erkennt man bei ihnen nicht die unterschiedlichen Ausdrucksweisen von Bedürfnis, Leiden, Freude, Furcht, Liebe, Zorn und überhaupt all ihre Gemütszustände. Es wäre doch höchst seltsam, wenn sie so deutlich ausdrückten, was sie gar nicht empfänden.

Einen geübten Verstand kann diese Feststellung zu allerlei Nachdenken über die Macht und die Güte des Schöpfers veranlassen, der jenen Wesen, die er selbst mit seiner allmächtigen Hand geformt hat, Leben, Empfindung, Vorstellungen und Gedächtnis zu verleihen geruht. Wie diese Organe sich bilden, wie sie sich entwickeln, woher das Leben kommt, nach welchen Gesetzen die Empfindungen, das Gedächtnis und der Wille mit diesem Leben verknüpft sind – all das wissen wir nicht. Und in dieser tiefen und ewigen Unwissenheit, die unserer Natur unzertrennlich anhaftet, streiten wir ohne Unterlass, verfolgen wir uns gegenseitig wie die Stiere, die mit ihren Hörnern gegeneinander kämpfen, ohne zu wissen, warum und woher sie Hörner haben.

Traité sur la tolérance (dt. *Abhandlung über die Toleranz*), 1763 [Überschrift vom Verlag]

Gespräch zwischen dem Kapaun und dem Masthuhn

DER KAPAUN. O Gott, mein liebes Huhn, du siehst aber traurig aus, was hast du denn?

DAS MASTHUHN. Mein bester Freund, fragt mich lieber, was ich nicht mehr habe. Eine elende Magd hat mich auf ihren Schoß genommen, mir eine lange Nadel in den Hintern gestoßen, damit meine Gebärmutter gepackt, sie um die Nadel gewickelt, herausgerissen und ihrer Katze zum Fressen gegeben. Nun kann ich nicht mehr die Gunst unseres Tagesverkünders empfangen und keine Eier mehr legen.

DER KAPAUN. Ach weh, meine Gute, ich habe mehr verloren als Ihr; an mir haben sie eine doppelt grausame Operation vollzogen. Weder Ihr noch ich werdet je in dieser Welt wieder Trost finden; aus Euch haben sie eine Poularde gemacht, ein Masthuhn, und aus mir einen Kapaun. Nur ein Gedanke mildert mir den Gram über meinen beklagenswerten Zustand: Dieser Tage hörte ich nahe meinem Stall zwei italienische Geistliche diskutieren, denen man die gleiche Schmach angetan hatte, damit sie vor dem Papst mit höherer Stimme singen könnten. Sie sagten, die Menschen hätten ihresgleichen anfangs beschnitten, und jetzt kastrierten sie diese sogar; sie verfluchten das Schicksal und das Menschengeschlecht.

DAS MASTHUHN. Wie! Deshalb hat man uns also des schönsten Teiles unserer selbst beraubt: damit wir eine höhere Stimme bekommen?

DER KAPAUN. Leider nein, meine arme Poularde. Sie wollen uns mästen und unser Fleisch zarter machen.

DAS MASTHUHN. So was! Und wenn wir fetter sind – werden sie es dann noch mehr?

DER KAPAUN. Ja, denn sie beabsichtigen, uns zu essen.

DAS MASTHUHN. Uns zu essen? Diese Ungeheuer!

DER KAPAUN. Das ist bei ihnen so üblich. Sie sperren uns ein paar Tage ein, geben uns einen Brei zu fressen, dessen Zusammensetzung bei ihnen ein Geheimnis ist, stechen uns die Augen aus, um uns jegliche Zerstreuung zu nehmen; und wenn dann der Tag des Festmahls gekommen ist, reißen sie uns die Federn aus, schneiden uns die Kehle durch und braten uns. Man setzt uns ihnen auf einer großen silbernen Platte vor; und dann sagt jeder, wie er uns findet; das ist unsere Leichenrede. Der eine meint, wir hätten einen nussigen Geschmack; der andere preist unser schmackhaftes Fleisch; man lobt unsere Schenkel, unsere Flügel, unsere Bürzel; und damit ist unser Dasein hienieden auf ewig vorbei.

DAS MASTHUHN. Diese abscheulichen Halunken! Ich falle gleich in Ohnmacht. Was! Man sticht mir die Augen aus! Man schneidet mir den Hals ab! Man brät und isst mich! Haben diese Schurken denn gar kein Gewissen?

DER KAPAUN. Nein, meine Freundin. Die beiden Geistlichen, von denen ich Euch erzählt habe, sagten, dass die Menschen bei dem, was ihnen zur Gewohnheit geworden ist, nie ein schlechtes Gewissen haben.

DAS MASTHUHN. Dieses abscheuliche Gesindel! Ich wette, während sie uns verschlingen, lachen sie auch noch und erzählen sich lustige Geschichten, als wenn das weiter gar nichts wäre.

DER KAPAUN. Da liegt Ihr ganz richtig. Aber zu Eurem Troste (wenn's denn einer ist) sei Euch gesagt, dass diese Tiere – die zweibeinig sind wie wir, die aber weit unter uns stehen, weil sie keine Federn haben – jene Prozedur sehr häufig an ihresgleichen vollzogen haben. Bei meinen beiden Geistlichen habe ich gehört, dass alle christlichen und alle griechischen Kaiser nie versäumten, ihren Vettern und Brüdern beide Augen auszustechen, und dass selbst in unserem Land hier einer, den man Ludwig den Frommen nannte, seinem Neffen die Augen herausreißen ließ.[1] Und was das Braten von Menschen betrifft – nichts war üblicher in dieser Spezies. Meine beiden Geistlichen sagten, man habe mehr als zwanzigtausend gebraten aufgrund bestimmter Ansichten, die zu erklären für einen Kapaun schwierig wäre, zumal sie ihn kaum betreffen.

DAS MASTHUHN. Man hat sie wohl gebraten, um sie zu essen.

DER KAPAUN. Das möchte ich nicht beschwören; aber ich erinnere mich sehr wohl, genau gehört zu haben, dass in vielen Ländern, unter anderem dem der Juden, die Menschen sich manchmal gegenseitig aufgegessen haben.

DAS MASTHUHN. Sei's drum. Es ist nur gerecht, dass eine derart verdorbene Spezies sich selbst auffrisst und dass die Erde gereinigt werde von dieser Rasse. Ich aber, die ich so friedfertig bin, ich, die ich niemals etwas Böses getan habe, ich, die ich diese Ungeheuer sogar genährt habe mit meinen Eiern – mich will man kastrieren, blenden, enthaupten und braten? Behandelt man uns eigentlich auf der ganzen Welt so?

DER KAPAUN. Laut den beiden Geistlichen: nein. Sie versichern, dass es in einem Land namens Indien – einem viel größeren, schöneren, fruchtbareren Land als dem unseren – die Menschen seit tausenden von Jahrhunderten ein heiliges Gesetz haben, das ihnen verbietet, uns zu verzehren; dass sogar ein gewisser Pythagoras, der einmal zu diesen gerechten Völkern gereist sei, in Europa von diesem humanen Gesetz berichtet habe, und alle seine Schüler hätten es befolgt. Die beiden braven Geistlichen lasen Porphyrios den Pythagoräer, der ein schönes Buch gegen das Am-Spieß-Braten geschrieben hat.

Welch großer, welch göttlicher Mann, dieser Porphyrios! Mit welcher Weisheit, welcher Geisteskraft, welcher sanftmütigen Ehrfurcht vor der Gottheit beweist er doch, dass wir Hühner Verbündete und Verwandte der Menschen sind; dass Gott uns die gleichen Organe gegeben hat, die gleichen Gefühle, das gleiche Gedächtnis, den gleichen unerkannten Keim der Erkenntnis, der sich in uns bis zu jenem von ewigen Gesetzen bestimmten Punkt entwickelt, den weder die Menschen noch wir je überschreiten werden! Also wirklich, meine liebe Poularde, hieße es nicht, die Gottheit zu beleidigen, wenn man behauptete, dass wir Sinne haben, um nicht zu empfinden, und ein Gehirn, um nicht zu denken? Solch eine Phantasterei, die, wie sie sagen, eines Verrückten namens Descartes würdig wäre – müsste man darin nicht den Gipfel der Lächerlichkeit und eine billige Ausrede für die Barbarei sehen?

Daher haben die größten Philosophen der Antike uns niemals aufgespießt. Sie beschäftigten sich damit, dass sie unsere Sprache zu erlernen versuchten und unsere

Eigenheiten zu entdecken, die doch denen der Spezies Mensch so überlegen sind. Bei ihnen waren wir völlig sicher, wie im Goldenen Zeitalter. Die Weisen töten keine Tiere, sagt Porphyrios; nur Barbaren und Priester töten und essen sie. Er schrieb dieses bewundernswerte Buch, um einen seiner Schüler zu bekehren, der aus Fressgier Christ geworden war.

DAS MASTHUHN. Und? Hat man diesem großen Mann Altäre errichtet, der den Menschen die Tugend beibrachte und der den Tieren das Leben gerettet hat?

DER KAPAUN. Nein, er war den Christen, die uns essen und die heute noch sein Andenken schmähen, ein Gräuel; sie sagen, er sei gottlos, und seine Tugendhaftigkeit sei falsch gewesen, da er ja ein Heide war.

DAS MASTHUHN. Welch schauderhafte Voreingenommenheit die Fressgier mit sich bringt! Ich hörte unlängst in dem Gebäude, das neben unserem steht, einer Art Scheune, einen einzelnen Menschen vor anderen Menschen sprechen, die selber nicht sprachen. Er rief aus, dass Gott einen Pakt mit uns geschlossen habe und ebenso mit jenen anderen Tieren, genannt ›Menschen‹; ferner sagte er, dass Gott ihnen verboten habe, sich von unserem Blut und unserem Fleisch zu nähren. Wie können sie diesem eindeutigen Verbot die Erlaubnis hinzusetzen, unsere Glieder gekocht oder gebraten zu verschlingen? Auch wenn sie uns den Hals abschneiden, bleibt doch unvermeidlich jede Menge Blut in unseren Adern zurück; dieses Blut vermischt sich zwangsläufig mit unserem Fleisch. Sie üben also ganz offensichtlich Ungehorsam gegen Gott, wenn sie uns essen. Außerdem, ist es nicht ein Sakrileg, Leute zu töten und zu verzehren, mit denen Gott einen Pakt geschlossen hat? Das wäre ein seltsamer Vertrag, der als Bestimmung einzig enthielte, uns dem Tode auszuliefern. Entweder hat unser Schöpfer gar keinen Pakt mit uns geschlossen, oder aber es ist ein Verbrechen, uns zu töten und zu braten; ein Drittes gibt es nicht.

DER KAPAUN. Das ist nicht der einzige Widerspruch, der bei diesen Ungeheuern herrscht, unseren ewigen Feinden. Schon lange wirft man ihnen vor, dass sie sich in nichts einig sind. Sie machen Gesetze, nur um sie zu brechen, und was noch schlimmer ist, sie brechen sie bewusst. Sie haben hundert Winkelzüge, hundert Sophismen erfunden, um ihre Verstöße zu rechtfertigen. Des Denkens bedienen sie sich nur, um ihre Ungerechtigkeiten zu legitimieren, und die Sprache verwenden sie nur, um ihre Gedanken zu verbergen. Stell dir vor, in dem kleinen Land, in dem wir leben, ist es an zwei Tagen in der Woche verboten zu essen; sie finden genügend Mittel, das Gesetz zu umgehen. Übrigens, falls Du glaubst, dieses Gesetz sei zu unserem Vorteil: Es ist höchst barbarisch; es bestimmt nämlich, dass an diesen Tagen die Bewohner des Wassers gegessen werden. Sie holen ihre Opfer aus den Meeren und den Flüssen. Sie verzehren Geschöpfe, von denen eines oft mehr kostet als hundert Kapaune; sie nennen das ›fasten‹ oder ›sich kasteien‹. Wahrhaftig, ich glaube nicht, dass sich eine Spezies denken lässt, die gleichzeitig lächerlicher und abscheulicher, närrischer und blutrünstiger wäre.

DAS MASTHUHN. O Gott, naht da nicht dieser garstige Küchenjunge mit seinem Riesenmesser?

DER KAPAUN. Es ist vorbei, meine Freundin, unsere letzte

Stunde ist gekommen; befehlen wir unsere Seele dem Herrn.

DAS MASTHUHN. Könnte ich nur dem Unhold, der mich essen wird, eine Magenverstimmung verpassen, an der er krepiert! Aber die Kleinen rächen sich an den Mächtigen nur durch vergebliche Wünsche, und die Mächtigen lachen darüber.

DER KAPAUN. Au! Man fasst mich beim Hals. Vergeben wir unseren Feinden.

DAS MASTHUHN. Das kann ich nicht. Man ergreift mich, man trägt mich davon. Adieu, mein lieber Kapaun.

DER KAPAUN. Adieu auf alle Ewigkeit, meine liebe Poularde.

Dialogue du chapon et de la poularde, 1763

Fleisch, Fleischverbote, Gefahren des Fleischverzehrs

Kurze Untersuchung der jüdischen und christlichen Gebote sowie jener der antiken Philosophen

Unser französisches Wort für Fleisch, *viande*[1], kommt wahrscheinlich von lateinisch *victus*, ›das, was nährt‹, ›das, was das Leben aufrechterhält‹; aus *victus* wurde *viventia*, aus *viventia* wurde *viande*. Dieses Wort müsste sich eigentlich auf alles beziehen, was man essen kann, aber durch die Merkwürdigkeit, die allen Sprachen eigen ist, hat sich der Gebrauch durchgesetzt, diese Benennung dem Brot, den Milchprodukten, dem Reis, den Früchten, dem Fisch vorzuenthalten und sie den Landtieren zu reservieren. Dies erscheint wider jegliche Vernunft, aber diese Eigenwilligkeit ist nun einmal das Privileg aller Sprachen sowie derer, die sie gemacht haben.

Einige der ersten Christen hatten Bedenken, von dem zu essen, was sie den Göttern dargebracht hatten, gleichgültig, welcher Art das Opfergut war. Paulus teilte diese Bedenken nicht. Er schreibt den Korinthern: »Es ist nicht, was wir essen, das uns Gott gefällig macht. Was wir essen, macht uns Gott nicht gefällig. Essen wir, so steigen wir bei ihm nicht im Rang und sinken auch nicht, wenn wir essen.«[2] Er mahnt uns nur, das für die Götter bestimmte Fleisch nicht vor den Augen der Glaubensgenossen zu verzehren, die daran Anstoß nehmen könnten. Hat man dies gelesen, versteht man nicht recht, warum er Petrus so hart angeht und ihn dafür tadelt, dass er verbotenes Fleisch zusammen mit Heiden verzehrt habe.[3] Man kann übrigens der *Apostelgeschichte* entnehmen, dass Simon Petrus nach Belieben essen durfte: denn er sah eines Tages den Himmel sich öffnen und ein riesiges Tischtuch von allen vier Himmelsrichtungen her zur Erde sinken; darauf lagen in Fülle vierfüßige Landtiere aller Art, Vögel und Reptilien (oder auch Schwimmtiere) aller Gattungen, und eine Stimme rief zu ihm: »Schlachte und iss!«[4]

Sie werden bemerkt haben, dass Fastenzeit und Fastentage damals noch gar nicht eingeführt waren. Alles geschieht immer nur schrittweise. Wir dürfen hier klarstellen, zum Troste der Schwachen, dass der Konflikt zwischen Petrus und Paulus uns nicht zu schrecken braucht. Die Heiligen sind Menschen. Paulus war anfangs der Kerkermeister und sogar der Henker der Anhänger Jesu, Petrus hatte Jesum verleugnet, und wir haben gesehen, dass die Kirche zur Zeit ihrer Entstehung, die leidende, die streitende, die triumphierende Kirche, immer geteilt war, von den Ebioniten[5] bis zu den Jesuiten[6].

Es mag sein, dass es bei den Brahmanen[7], die schon so viel länger existieren als die Juden, auch Abspaltungen gegeben hat; aber immerhin waren sie die ersten, die sich das Gesetz auferlegten, keinerlei Tiere zu essen. Da sie glaubten, dass die Seelen aus den menschlichen Körpern in die der Tiere übergingen und umgekehrt, wollten sie nicht ihre Verwandten aufessen. Der triftigste Grund war vielleicht, dass sie fürchteten, die Menschen würden sich an das Gemetzel gewöhnen und unbarmherzige Gewohnheiten annehmen.

Man weiß, dass Pythagoras, der bei ihnen die Geometrie und die Moral studierte, diese humane Lehre übernahm und sie nach Italien brachte. Seine Schüler folgten ihr über lange Zeit; die berühmten Philosophen Plotin, Iamblichos und Porphyrios empfahlen sie und praktizierten sie sogar; wenn es auch ziemlich selten vorkommt, dass jemand das tut, was er predigt. Porphyrios' Werk über die Enthaltsamkeit von fleischlicher Nahrung, geschrieben im 3. Jahrhundert unserer Zeitrechnung, das der Historiker de Burigny vortrefflich in unsere Sprache übersetzt hat, wird von den Gelehrten hoch geschätzt; aber es brachte ebenso wenig Anhänger hervor wie heute das Buch des Mediziners Hecquet[8]. Vergebens preist Porphyrios die Brahmanen und die vortrefflichen persischen Magierpriester als Vorbild, die den Brauch, in unsere Eingeweide die Eingeweide anderer Kreaturen hineinzustopfen, entsetzlich fanden; heute folgen ihm nur noch die Trappisten[9]. Die Schrift des Porphyrios ist an einen seiner ehemaligen Schüler gerichtet, einen gewissen Firmus, der, wie es heißt, Christ wurde, um die Freiheit zu erlangen, Fleisch zu essen und Wein zu trinken.

Porphyrios legt Firmus dar, dass man, wenn man sich des Fleisches und starker Alkoholika enthalte, die Gesundheit von Seele und Körper bewahre; man lebe länger und mit weniger Schuld. All seine Überlegungen sind die eines skrupulösen Theologen, eines konsequenten Philosophen und einer sanften und gefühlvollen Seele. Wenn man ihn liest, möchte man meinen, dieser große Kirchenfeind[10] sei in Wahrheit ein Kirchenvater gewesen.

Er redet nicht von Seelenwanderung, sondern betrachtet die Tiere als unsere Brüder, weil sie beseelt sind wie wir, dieselbe Seinsweise haben wie wir, weil sie wie wir Gedanken haben, Gefühle, ein Gedächtnis, Geschicklichkeit. Es fehlt ihnen nur die Sprache; könnten sie reden – würden wir dann wagen, sie zu töten und zu essen? Würden wir wagen, solche Brudermorde zu begehen? Welcher Barbar ließe ein Lamm braten, wenn ihn dieses Lamm mit rührenden Worten beschwörte, nicht gleichzeitig zum Mörder und zum Menschenfresser zu werden?

Dieses Buch beweist zumindest, dass es bei den Heiden Philosophen von äußerster Tugendhaftigkeit gab; aber sie konnten sich nicht durchsetzen gegen die Schlächter und die Fresser.

Vermerken wir noch, dass Porphyrios den Essenern[11] höchstes Lob zollt. Er ist voller Verehrung für sie, obwohl sie manchmal Fleisch aßen. Es ging um die Frage, welche Gruppe die tugendhafteste sei – die Essener, die Pythagoreer, die Stoiker oder die Christen. Wenn die Sekten nur ein kleines Völkchen bilden, sind ihre Sitten rein; sie verderben, sobald sie mächtig werden.

La gola, il dado e l'oziose piume
Hanno dal mondo ogni virtù sbandita.[12]

Questions sur l'Encyclopédie (dt. *Fragen zur Enzyklopädie*, von späteren Herausgebern in das *Dictionnaire philosophique* integriert), 1770–72, Artikel »Viande, viande défendue, viande dangereuse«

Hund

Es scheint, dass die Natur den Hund dem Menschen zu seiner Verteidigung und seinem Vergnügen geschenkt hat. Er ist von allen Tieren das treueste; er ist der beste Freund, den der Mensch nur haben kann.

Es sieht so aus, dass es innerhalb dieser Tierart zahlreiche völlig unterschiedliche Rassen gibt. Wer möchte glauben, dass der Windhund ursprünglich vom Barbet[1] herkommt? Er hat nicht dessen Fell, nicht dessen Beine, nicht dessen Rumpfgröße, nicht dessen Schädel, nicht dessen Ohren, nicht dessen Stimme, nicht dessen Geruchssinn, nicht dessen Instinkt. Ein Mensch, der, was Hunde betrifft, nur Pudel und Spaniel gesehen hätte und dann erstmalig einen Windhund zu Gesicht bekäme, würde ihn eher für ein kleines Zwergpferd halten als für ein Tier vom Typ Spaniel. Es ist sehr wahrscheinlich, dass jede Rasse schon immer so war, wie sie ist, außer den paar Mischungen, die es vereinzelt gibt.

Es erstaunt, dass der Hund im jüdischen Gesetz für unrein erklärt wurde – wie der Ixion, der Greif[2], der Hase, das Schwein, der Aal; dahinter muss irgendein physischer oder moralischer Grund stecken, den wir noch nicht herauszufinden vermochten.

Was man vom Scharfsinn der Hunde berichtet, ihrem Gehorsam, ihrer Freundschaft, ihrem Mut, sind Wunderdinge, und alles trifft zu. Der Admiral und Gelehrte Ulloa lässt keinen Zweifel daran,[3] dass in Peru die spanischen Hunde die Menschen indianischer Herkunft erkannten, sie verfolgten und zerrissen; und dass die peruanischen Hunde mit den Spaniern genauso verfuhren. Dies scheint zu beweisen, dass die Hunde der einen wie der anderen Nation noch immer den Hass in sich bewahren, der ihnen in der Zeit der Entdeckung eingetrichtert wurde, und dass jede Rasse immer mit der gleichen Anhänglichkeit und der gleichen Bravour für ihre jeweiligen Herren kämpft.

Warum ist dann aber das Wort ›Hund‹ zu einer Beschimpfung geworden? Will man zärtlich sein, so sagt man ›mein Spatz‹, ›meine Taube‹, in Frankreich auch ›mein Hühnchen‹. Man sagt sogar ›mein Kätzchen‹, trotz der Falschheit, die diesem Tier eigen ist. Doch ist man auf jemanden böse, nennt man ihn einen ›Hund‹. Die Türken sagen, selbst wenn sie nicht im Zorn sind, ›Christenhunde‹ in einem Ton, in dem sich Abscheu und Verachtung mischen. Sieht der englische Pöbel einen Mann vorübergehen, der durch sein Gebaren, seine Kleidung und seine Perücke den Eindruck erweckt, an den Ufern der Seine oder der Loire geboren zu sein, nennt er ihn gemeinhin *French dog*, ›Franzosenhund‹. Diese Ausdrucksweise ist nicht höflich und erscheint ungerecht.

Der feinfühlige Homer führt den gottgleichen Achilles erst einmal damit ein, dass er ihn zum gottgleichen Agamemnon sagen lässt, er sei ›schamlos wie ein Hund‹. Dies könnte den englischen Pöbel ins Recht setzen.

Die eifrigsten Parteigänger der Hunde müssen zugeben, dass Dreistigkeit in deren Augen liegt; dass nicht wenige von ihnen kampflustig sind; dass sie manchmal ihnen Unbekannte beißen, weil sie diese für Feinde ihrer Herren halten, so wie Wachen auf Vorüberkommende schießen, die sich dem Außenwall zu sehr nähern. Vermutlich sind dies die Gründe dafür, dass das Epitheton ›Hund‹ zum Schimpfwort wurde; aber darüber wagen wir nicht zu befinden.

Warum haben dagegen die Ägypter die Hunde angebetet oder verehrt (wie man es nimmt)? Weil, so heißt es, der Hund dem Menschen zur Warnung dient. Plutarch erzählt uns folgende Geschichte:[4] Nachdem Kambyses ihren Stier Apis getötet und auf einen Bratspieß gesteckt hatte, wagte kein Tier, die Reste vom Festmahl zu fressen, so tief war die Achtung vor Apis verwurzelt; der Hund aber war nicht so zimperlich, er aß vom Göttlichen. Die Ägypter waren empört, wie sich denken lässt, und Anubis büßte einen Gutteil seines Ansehens ein.

Dem Hund blieb dennoch die Ehre erhalten, beständig am Himmel zu erscheinen – unter dem Namen ›Großer‹ und ›Kleiner Hund‹. Und wir haben jedes Jahr die ›Hundstage‹.

Von allen Hunden aber kam das höchste Ansehen dem Zerberus[5] zu; er besaß drei Mäuler. Wir haben beobachtet, dass bei allem die Dreizahl eine Rolle spielte: Isis, Osiris und Horus, die drei ersten ägyptischen Gottheiten; das dreiköpfige Brüdergespann Zeus, Poseidon und Hades, die Leitgötter der Griechenwelt; die drei Parzen; die drei Erinnyen; die drei Höllenrichter; die drei Mäuler des Hundes da unten.

Wir stellen hier mit schmerzlichem Bedauern fest, dass wir den Artikel ›Katzen‹ ausgelassen haben, aber wir trösten uns, indem wir auf ein Werk über ihre Geschichte verweisen.[6] Wir möchten nur bemerken, dass es keine Katzen am Himmel gibt, so wie es dort Ziegen, Krebse, Stiere, Widder, Adler, Löwen, Fische, Hasen und Hunde gibt. Dafür wurde die Katze geweiht, verehrt oder angebetet; in einigen Städten als Heiligenkult, bei einigen Frauen vielleicht sogar als Göttlichkeitskult.

Questions sur l'Encyclopédie (dt. *Fragen zur Enzyklopädie*), 1770–72, Artikel »Chien«

Lachen

Dass das Lachen ein Zeichen der Freude ist, wie die Tränen ein Zeichen des Schmerzes sind, wird niemand bezweifeln, der jemals gelacht hat. Wer hinter dem Lachen metaphysische Ursachen sucht, ist ein trockener Geselle; wer dagegen weiß, dass jene Art von Freude, die zum Lachen reizt, den zygomatischen Muskel – einen der dreizehn Muskel des Mundes – zu den Ohren hinaufzieht, ist wissenschaftlich recht kundig. Die Tiere haben diesen Muskel wie wir, aber sie lachen nicht, wenn sie sich freuen, und sie vergießen auch keine Tränen, wenn sie traurig sind. Der Hirsch kann eine Flüssigkeit aus seinen Augen absondern, wenn die Jagdmeute hinter ihm her ist; auch der Hund kann dies, wenn er bei lebendigem Leibe seziert wird. Aber sie beweinen nicht ihre Partnerinnen, ihre Freunde, wie wir es tun; sie brechen nicht in Lachen aus wie wir, wenn sie etwas Komisches sehen: Der Mensch ist das einzige Tier, das weint und lacht.

Wie wir nur darüber weinen, was uns betrübt, lachen wir nur darüber, was uns erheitert. Irgendwelche Schlauköpfe haben behauptet, dass das Lachen aus dem Dünkel herrührt, dass man sich nämlich für etwas Besseres hält als den, über den man lacht. Wohl wahr, der Mensch ist ein lächerliches Tier, und obendrein ein hoffärtiges; aber der Stolz führt nicht zum Lachen. Ein Kind, das aus vollem Herzen lacht, gibt sich diesem Vergnügen nicht deshalb hin, weil es sich über jene stellt, die es zum Lachen bringen. Lacht es, wenn man es kitzelt, dann bestimmt nicht, weil es gerade der Todsünde des Stolzes anheimfällt. Ich war elf Jahre alt, als ich, ganz für mich allein, zum ersten Mal Molières *Amphitryon* gelesen habe; ich lachte so heftig, dass ich rücklings umkippte; geschah dies aus Stolz? Man ist nicht stolz, wenn man allein ist. Hat etwa Stolz das mächtige Gelächter bewirkt, das der Herr des goldenen Esels losließ, als er sah, wie sein Esel sein Essen verzehrte?[1] Jeder, der lacht, verspürt in diesem Moment eine fröhliche Freude, ohne dass sich ein anderes Gefühl hineinmischt.

Nicht jede Freude löst Lachen aus. Die großen Wonnen sind sehr ernsthaft: die Wonnen der Liebe, des Ehrgeizes, des Gewinnstrebens – die haben noch niemanden zum Lachen gebracht.

Das Lachen kann sich manchmal bis zu Krämpfen steigern. Es heißt sogar, dass Leute schon vor Lachen gestorben sind. Ich habe Mühe, dies zu glauben; ganz sicher jedenfalls sind jene in der Überzahl, die vor Kummer gestorben sind.

Heftige Missstimmungen, die bald Tränen, bald die Anzeichen des Lachens auslösen, spannen wohl die Mundmuskeln an; aber das ist kein echtes Lachen, sondern ein Krampf, eine Qual. Die Tränen können dann echt sein, denn der Betreffende leidet, nicht aber das Lachen; man muss ihm einen besonderen Namen geben und nennt es daher ›sardonisches‹ Lachen.

Das hämische Lachen, das *perfidum ridens*, ist wieder etwas anderes; es ist die Freude an der Demütigung eines anderen. Man verfolgt durch Spottgejohle, durch das *cachinnum*[2] (dafür gibt es kein Äquivalent in unserer Sprache), jenen, der uns Wunderdinge versprochen, dann aber nur dummes Zeug präsentiert hat; es ist eher ein Höhnen als ein Lachen. Unser Stolz macht sich dann lustig über den Stolz, den ein anderer sich angemaßt hat. Unser Freund

Fréron wird, wenn man die *Schottländerin* spielt, mehr verhöhnt denn belacht.[3] Ich nenne ihn immer ganz gern ›Freund‹; das bringt mich zum Lachen.

Questions sur l'Encyclopédie (dt. *Fragen zur Enzyklopädie*), 1770–72, Artikel »Rire«

Mitleid ein Gebot der Menschlichkeit

Es hat mich immer verwundert, dass der weise Locke zu Beginn seines *Versuches über den Verstand*[1], wo er so treffend die Vorstellung von den ›angeborenen Ideen‹ widerlegt, behauptet, dass es keinen Begriff von Gut und Böse gebe, der allen Menschen gemeinsam wäre. Ich glaube, da erliegt er einem Irrtum. Er stützt sich auf Berichte von Reisenden, die ihm Dinge mitteilen wie diese: In bestimmten Ländern herrsche der Brauch, Kinder zu essen und auch Mütter, wenn sie nicht mehr gebären können; in anderen wiederum gälten bestimmte Schwärmer als Heilige, die als Geschlechtspartner statt Frauen Eselinnen nehmen. Sollte ein Mann wie der weise Locke solchen Reisenden gegenüber nicht Skepsis walten lassen? Nichts ist unter ihnen so verbreitet, wie dass sie schlecht sehen, schlecht wiedergeben, was sie gesehen haben, dass sie – was besonders leicht in einem Lande geschehen kann, dessen Sprache man nicht beherrscht – den Missbrauch eines Gesetzes für das Gesetz selbst halten und über die Sitten eines Volkes aufgrund eines Einzelphänomens urteilen, dessen nähere Umstände man noch gar nicht kennt.

Kommt ein Perser nach Lissabon, nach Madrid oder nach Goa, und es findet dort gerade ein Autodafé[2] statt, so wird er glauben – und der Anschein spricht ja dafür –, dass die Christen ihrem Gott Menschen opfern. Liest der Perser die astronomischen Kalender, die jetzt überall in Europa dem gemeinen Volk feilgehalten werden, wird er denken, dass wir alle an den Einfluss des Mondes glauben; dabei lachen wir doch nur darüber, ohne dem im Geringsten Glauben zu schenken. Wenn nun ein Reisender mir zum Beispiel erzählt, dass die Wilden ihre Väter und Mütter aus Mitleid verzehren, möge er mir erlauben, ihm zu entgegnen, dass die ganze Sache erstens höchst zweifelhaft ist; zweitens aber, sollte sie stimmen, entspricht sie durchaus der Vorstellung von Respekt, den man seinen Eltern schuldet. Es handelt sich vermutlich um eine barbarische Art, ihnen seine Zuneigung zu bezeigen, um eine furchtbare Fehlanwendung des Naturgesetzes. Denn offensichtlich tötet man Vater und Mutter nur aus Pflichtgefühl, und zwar, um sie zu bewahren, sei es vor den Unannehmlichkeiten des Alters, sei es vor dem Wüten des Feindes. Wenn man nun also den Eltern ein Grab im Sohnesleibe gibt, statt sie von den Siegern auffressen zu lassen, ist dieser Brauch, wie schrecklich er uns auch vorkommt, doch notwendigerweise aus der Herzensgüte geboren.

Die natürliche Religion ist nichts anderes als jenes Gesetz, das man im ganzen Erdkreis kennt: *Tu, was du willst, dass man dir tue.* So wird der Barbar, der seinen Vater tötet, um ihn vor seinem Feind zu retten, und ihn in seinem Bauch bestattet aus Furcht, sein Vater finde sonst in irgendeinem Feind sein Grab, wünschen, dass sein Sohn ihn im gleichen Falle genauso behandelt. Dieses Gesetz, seinen Nächsten zu behandeln wie sich selbst, leitet sich ganz natürlich aus den urtümlichsten Vorstellungen ab und macht sich früher oder später in den Herzen aller Menschen bemerkbar; denn da sie alle den gleichen Verstand haben, müssen sich die Früchte dieses Baumes zwangsläufig früher oder später ähnlich sehen; und sie ähneln sich in der Tat; darin nämlich, dass in jeder Gesellschaft das als Tugend bezeichnet wird, von dem man meint, es sei für die Gesellschaft nützlich.

Man finde mir ein Land auf Erden oder auch nur eine Gemeinschaft von zehn Personen, wo man nicht wertschätzt, was dem gemeinsamen Wohl förderlich ist. Dann will ich gern einräumen, dass es keine naturgegebene Verhaltensregel gibt. Diese Regel mag unendlich variieren, aber was soll man daraus anderes schließen, als dass sie eben existiert? Die Materie nimmt überall unterschiedliche Formen an, aber sie behält überall ihr natürliches Wesen.

Nun wenden manche ein, dass zum Beispiel in Sparta Diebstahl ein Gebot war; hier handelt es sich nur um eine falsche Sichtweise. Was wir ›Diebstahl‹ nennen, war in Sparta nicht befohlen; doch war in einer Stadt, in der Gemeineigentum herrschte, die Erlaubnis, das, was ein Einzelner sich gesetzeswidrig aneignete, ihm kurzerhand wegzunehmen, ein Verfahren, das Besitzstreben zu ahnden, das bei jenen Völkern verboten war. ›Dein und mein‹ galt als Verbrechen, und was wir ›Diebstahl‹ nennen, war die Strafe dafür. Bei ihnen wie bei uns galt als Regel, wofür Gott uns erschaffen hat, wie er die Ameisen dazu erschaffen hat, dass sie zusammenleben.

Newton[3] glaubte nun, dass diese unsere Veranlagung, in Gemeinschaft zu leben, die Grundlage des Naturgesetzes ist, welches vom Christentum vervollkommnet wird.

Der Mensch trägt in sich vor allem eine Veranlagung zum Mitleid, die ebenso allgemein verbreitet ist wie unsere anderen Instinkte. Newton hatte diese Empfindung der Menschlichkeit in sich kultiviert, und er dehnte sie auf die Tiere aus. Er war, mit Locke, zutiefst davon überzeugt, dass Gott den Tieren (die nur Materie zu sein scheinen) ein gewisses Maß an Gedanken und die gleichen Gefühle gegeben hat wie uns. Er konnte sich nicht vorstellen, dass

Gott, der nichts ohne Sinn und Zweck tut, den Tieren Organe des Empfindens gegeben hätte, damit sie nichts empfinden.

Für ihn bestand ein zutiefst grauenhafter Widerspruch zwischen der Einsicht, dass Tiere Gefühle haben, und der Bereitschaft, ihnen Leid zuzufügen. Seine Moral ging in diesem Punkt mit seiner Philosophie völlig konform; nur mit Abscheu fügte er sich gelegentlich dem barbarischen Brauch, uns vom Blut und vom Fleisch uns ähnlicher Wesen zu ernähren, die wir tagtäglich liebkosen; und nie duldete er, dass man ihnen in seinem Hause beim Schlachten einen langsamen und raffinierten Tod bereitete, damit sie besser schmeckten.

Dieses Mitleid, das er für die Tiere empfand, erweiterte sich zu wahrer Barmherzigkeit für die Menschen. In der Tat verdient jemand, dem die Menschlichkeit fehlt – jene Tugend, die alle Tugenden einschließt –, kaum den Titel Philosoph.

Éléments de la philosophie de Newton (dt. *Elemente der Philosophie Newtons*), 1738, Kapitel v [Überschrift vom Verlag]

Über Indien

Die Annahme sei gestattet, dass die Inder am Ganges vielleicht die ersten Menschen waren, die sich einst zu einem Volk formierten. Es steht außer Frage, dass der Boden, auf dem die Tiere am leichtesten etwas zu fressen finden, bald von der Spezies eingenommen wird, die er ernähren kann. Nun gibt es auf der Erde keine Gegend, wo die menschliche Spezies gesündere, wohlschmeckendere und reichlichere Nahrungsmittel bei der Hand hat als am Ganges. Reis wächst dort, ohne dass man ihn eigens anbauen muss; Kokosnuss, Dattel und Feige bieten allüberall ein köstliches Mahl; Orangen- und Zitronenbäume liefern erfrischende Getränke und zugleich einige Nahrung; Zuckerrohr ist in Griffnähe; Palmen und Feigenbäume mit ihren großen Blättern spenden dichten Schatten. In diesem Klima muss man nicht ganze Herden enthäuten, um seine Kinder vor den Härten der Jahreszeiten zu schützen; man lässt sie noch heute bis zur Pubertät splitternackt aufwachsen. Auch war man in jenem Lande nie gezwungen, sein Leben zu riskieren, indem man Tiere angriff, um es zu erhalten und sich von ihren zerstückelten Gliedern zu ernähren, wie es sonst fast überall geschieht.

Die Menschen haben sich, so steht zu vermuten, ganz von selbst in diesem glücklichen Klima versammelt; sicher musste man sich auch keine ausgedörrten Böden streitig machen, um dort magere Herden weiden zu lassen; man dürfte keine Kriege geführt haben um einen Brunnen, eine Quelle, wie es die Barbaren in der Arabia Petraea[1] taten. […]

Was mir an Indien besonders auffällt, ist diese alte Lehre von der Seelenwanderung, die sich mit der Zeit auch in

China und Europa verbreitete. Nicht dass die Inder gewusst hätten, was eine Seele ist, aber sie stellten sich vor, dass diese Substanz, sei sie ätherisch, sei sie feurig, nach und nach andere Körper beleben kann. Betrachten wir dieses philosophische System sehr aufmerksam; es hat Einfluss auf die Sitten. Unholde zügelt es erheblich, wenn sie fürchten müssen, dass Wischnu und Brahma[2] sie dazu verurteilen, die niedersten und unglücklichsten der Tiere zu werden. Weiter unten werden wir sehen, dass alle großen Völker eine Vorstellung von einer anderen Welt hatten, wenn auch in unterschiedlicher Ausprägung. Unter den alten Reichen finde ich keines, das nicht der Lehre von der Unsterblichkeit der Seele anhing; mit Ausnahme der Chinesen. Deren erste Gesetzgeber erließen nur Gesetze für die Moral; sie meinten, es genüge, die Menschen zur Tugendhaftigkeit zu ermahnen und sie mit einer harten Ordnung zu dieser zu zwingen.

Bei den Indern sorgte die Lehre von der Seelenwanderung noch für eine weitere Zügelung; die Furcht, seinen Vater oder seine Mutter zu töten, wenn man einen Menschen oder ein Tier tötete, flößte ihnen einen Abscheu vor Mord und vor jeglicher Gewalt ein, der ihnen zur zweiten Natur wurde. Und so sind noch heute alle Inder – jedenfalls alle, die nicht mit den Arabern oder den Tataren im Bunde stehen – die sanftmütigsten aller Menschen. Ihre Religion und die Temperatur ihres Klimas machten diese Völker ganz und gar jenen friedlichen Tieren gleich, die wir in unseren Schafställen und Taubenschlägen aufziehen und dann nach Herzenslust umbringen. Die ganzen wilden Völker, die vom Kaukasus, vom Taurus und vom Emmausgebirge herunterkamen, bezwangen die Bewohner der

Ufer des Indus, des Hydaspes, des Ganges allein, indem sie sich zeigten.

So erginge es heute jenen urtümlichen, Quäker genannten Christen, sie sind genauso friedfertig wie die Inder. Die anderen Völkerschaften würden sie vernichten, wenn nicht ihre kampfesfreudigen Landsleute sie beschützten. Die Religion, die einzig diese urtümlichen Christen wortwörtlich befolgen, ist ebenso gegen das Blutvergießen wie die pythagoreische. Aber die christlichen Völker haben sich nie an ihre Religion gehalten; die alten indischen Kasten jedoch haben die ihre immer praktiziert. Der Pythagoreismus ist daher die einzige Religion der Welt, die es vermochte, aus dem Abscheu vor dem Töten eine kindliche Frömmigkeit und eine religiöse Haltung zu machen. Die Seelenwanderung ist ein höchst simples und in den Augen ungebildeter Völker höchst naheliegendes System; der Glaube, dass etwas, das einen Menschen beseelt, danach einen anderen beseelen kann, ist derart einfach, dass alle, die sich diese Religion zu eigen machten, alle Menschen ringsum als ihre eigenen Verwandten betrachteten. Sie sahen einander allesamt als Brüder, Väter, Mütter, Kinder an; diese Vorstellung brachte zwangsläufig eine universelle Barmherzigkeit hervor; man erzitterte bei dem Gedanken, ein Wesen zu verletzen, das zur Familie gehörte. Kurz gesagt, die alte indische Religion und jene der Gebildeten in China waren die einzigen, innerhalb derer sich die Menschen nicht barbarisch verhielten. Wie konnte es dann geschehen, dass dieselben Leute, die ein Tier umzubringen zum Verbrechen erklärten, erlaubten, dass Frauen sich auf den Leichnamen ihrer Männer verbrennen ließen – in der vergeblichen Hoffnung, in schöneren und glücklicheren Körpern wiedergeboren zu werden? Dies liegt daran, dass Fanatismus und Widersprüchlichkeit zur Grundausstattung der menschlichen Natur gehören.

Man sollte vor allen Dingen bedenken, dass der Verzicht auf Tierfleisch mit dem Klima zusammenhängt. Die dort herrschende extreme Hitze und Feuchtigkeit lassen das Fleisch rasch verderben; es ist dort eine sehr ungesunde Nahrung. Auch starke Alkoholika verbietet dort die Natur; in Indien erfordert sie stattdessen erfrischende Getränke. Die Idee der Seelenwanderung hat allerdings auch die Völker unserer nördlichen Halbkugel berührt. Die Kelten glaubten, sie würden in anderen Körpern wiedergeboren; doch wenn die Druiden diese Lehre mit dem Verbot des Fleischverzehrs verbunden hätten, wäre man ihnen nicht gefolgt. [...]

Essai sur les mœurs et l'esprit des nations (dt. *Versuch über Sitten und Geist der Völker*), 1756, Introduction XVII

Ein Erlebnis in Indien

Als Pythagoras in Indien weilte, erlernte er, wie allgemein bekannt, auf der Schule der Gymnosophisten[1] die Sprache der Tiere und die der Pflanzen. Eines Tages spazierte er durch eine Wiese nahe dem Meeresufer. Da hörte er diese Worte: »Welch ein Unglück habe ich, dass ich als Gras zur Welt kam. Kaum habe ich die Höhe von zwei Zoll erreicht, kommt ein Fressmonstrum, ein grauenhaftes Tier, das mich mit seinen großen Füßen zerstampft; und mit seinem Maul, das bestückt ist mit einer Reihe scharfer Sicheln, rupft es mich ab, zerfetzt mich und verschlingt mich. Die Menschen nennen dieses Ungeheuer ›Schaf‹. Ich glaube nicht, dass es auf der Welt ein abscheulicheres Wesen gibt.«

Pythagoras ging ein paar Schritte weiter; da sah er eine Auster, welche, ihre Schalen weit geöffnet, auf einer kleinen Klippe lag. Er hatte damals noch nicht jenes bewundernswerte Gesetz übernommen, das verbietet, Tiere zu essen, Wesen unseresgleichen. Er wollte die Auster eben verspeisen, da sprach sie diese rührenden Worte: »O Natur! Wie kann das Gras, das gleich mir dein Werk ist, sich glücklich schätzen. Hat man es gemäht, wird es wiedergeboren, es ist unsterblich; uns armen Austern nützt unser doppelter Panzer wenig; Ruchlose essen uns dutzendweise zu ihrem Mittagsmahl, und damit ist es auf immer aus für uns. Welch entsetzliches Schicksal, eine Auster zu sein, und was sind die Menschen für Barbaren!«

Pythagoras erschauerte; er empfand die Ungeheuerlichkeit des Verbrechens, dass er beinahe begangen hätte. Weinend bat er die Auster um Vergebung und legte sie ganz vorsichtig wieder auf ihre Klippe.

Indem er zurück in die Stadt ging und dabei gründlich über dieses Erlebnis nachdachte, sah er Spinnen, die Fliegen fraßen, Schwalben, die Spinnen fraßen, und Sperber, die Schwalben fraßen. »Die da«, sagte er, »sind alle keine Philosophen.«

Kaum in die Stadt eingetreten, wurde Pythagoras herumgestoßen, halb zerquetscht und zu Boden geworfen von einer Horde Lümmel und Lümmelinnen, die rannten und schrien: »Recht so, recht so, es trifft sie wohlverdient.« »Wer? Was?«, fragte sich Pythagoras, während er wieder aufstand, und die Leute rannten noch immer und riefen: »Ach, welch ein Vergnügen wird es uns sein, wie die gesotten werden!« Pythagoras glaubte, sie sprächen von Linsen oder irgendwelchem anderen Gemüse, doch weit gefehlt, es waren zwei bedauernswerte Inder. »Aha«, sagte Pythagoras zu sich, das sind bestimmt zwei große Philosophen, die des Lebens überdrüssig sind; sie freuen sich sehr, dass sie in anderer Form wiedergeboren werden; es macht Vergnügen, seine Wohnstatt zu wechseln, wenn man auch jedes Mal schlecht untergebracht wird; über Geschmack soll man nicht streiten.«

Er begab sich mit der Menge zum Hauptplatz, und dort sah er einen großen Scheiterhaufen brennen und gegenüber diesem Scheiterhaufen eine Bank, die man das ›Tribunal‹ nannte, und auf dieser Bank Richter, und jeder dieser Richter hielt einen Kuhschwanz in der Hand, auf dem Kopf trugen sie eine Kappe, die ganz und gar an die beiden Ohren des Tieres erinnerte, auf dem Silen[2] ritt, als er einst mit Dionysos in dieses Land kam, nachdem er trockenen Fußes das Rote Meer durchquert und einmal gar den Lauf der Sonne und des Mondes angehalten hatte, wie uns die *Orphischen Hymnen* getreulich erzählen.

Es war unter diesen Richtern ein ehrenwerter Mann, den Pythagoras gut kannte. Der indische Weise erklärte dem Weisen aus Samos, worum es bei der Feier ging, welche man dem Hindu-Volk stiften wollte.

»Die beiden Inder«, sagte er, »begehren keineswegs, verbrannt zu werden. Meine ehrenwerten Amtsbrüder haben sie aus folgenden Gründen zu dieser Hinrichtung verurteilt: den einen, weil er behauptet hatte, dass die Substanz des Xhaca nicht die Substanz des Brahma sei; den anderen, weil er gemutmaßt hatte, dass man dem Höchsten Wesen durch Tugend gefallen könne, ohne beim Sterben eine Kuh beim Schwanz zu halten; denn tugendhaft, meinte er, könne man jederzeit sein, während sich im entscheidenden Moment nicht immer eine Kuh finde. Die Weibsleute der Stadt waren über diese beiden ketzerischen Äußerungen so aufgebracht, dass sie den Richtern keine Ruhe ließen, bis sie die beiden Unglücklichen zum Scheiterhaufen verurteilten.«

Pythagoras kam zu dem Schluss, dass es vom Grashalm bis hinauf zum Menschen genügend Anlässe für Kummer in der Welt gibt. Es gelang ihm aber, die Richter, ja sogar die Fanatikerinnen zur Vernunft zu bringen – etwas, das nur dieses eine Mal geschah.

Anschließend ging Pythagoras nach Kroton[3] und lehrte dort die Toleranz; aber ein Intoleranter legte Feuer an sein Haus; Pythagoras verbrannte – ausgerechnet er, der zwei Hindus aus den Flammen gezogen hatte. *Rette sich, wer kann!*

Aventure indienne, 1766

Die Briefe des Amabed

Amabed an Schastasid[1]

Vater meiner Gedanken, ich hatte, noch bevor Dein banianischer Handelsmann[2] das Ufer des Ganges erreichen konnte, genügend Zeit, jenes europäische Kauderwelsch zu erlernen. Pater Fa-Tutto bezeugt mir fortwährend eine aufrichtige Freundschaft. Ich beginne wahrhaftig zu glauben, dass er keineswegs jenen Schuften gleicht, deren Bosheit Du mit Recht fürchtest. Das Einzige, was mich argwöhnisch machen könnte, ist, dass er mir übermäßig Lob zollt, während er meiner geliebten Augenfreude gegenüber ziemlich damit geizt. Doch sonst scheint er mir voller Tugend und frommem Eifer. Wir haben zusammen ein Buch aus seinem Lande gelesen, das mir recht seltsam vorkam. Es handelt sich um eine allgemeine Geschichte der ganzen Welt, in der von unserem alten Reich mit keinem Wort die Rede ist, noch auch von den riesigen Ländern jenseits des Ganges, noch von China, noch von der ausgedehnten Tatarei. Die Autoren in jenem Teil Europas müssen ziemlich unwissend sein. Sie kommen mir vor wie Dorfbewohner, die voller Begeisterung von ihren Hütten reden, aber nicht wissen, wo die Hauptstadt liegt; oder mehr noch wie Leute, die glauben, an den Grenzen ihres Horizonts sei auch die Welt zu Ende.

Was mich am meisten erstaunte, war, dass sie die Zeit seit der Erschaffung der Welt völlig anders berechnen als wir. Mein europäischer Lehrer zeigte mir einen seiner frommen Almanache, dem zufolge seine Landsleute sich gegenwärtig im Jahre 5552 seit ihrer Erschaffung befinden, oder im Jahre 6244 oder auch im Jahre 6940,[3] ganz wie es beliebt. Diese Sonderbarkeit überraschte mich. Ich fragte ihn, wie man drei verschiedene Zeitpunkte für ein und dasselbe Ereignis anzunehmen vermag. »Du kannst doch auch nicht«, sagte ich zu ihm, »zugleich dreißig, vierzig und fünfzig Jahre alt sein. Wie kann deine Welt dann drei Entstehungsdaten haben, die einander widersprechen?« Er gab mir zur Antwort, diese drei Daten stünden in ein und demselben Buche, und bei ihnen verpflichte die Religion, Widersprüchliches zu glauben, um den Hochmut des Geistes im Zaum zu halten.

In demselben Buch ist von einem ersten Menschen die Rede, der Adam hieß, von einem Kain, einem Methusalem, einem Noah, der Wein anbaute, nachdem der Ozean die ganze Erde überflutet hatte; kurz, von unzähligen Dingen, von denen ich noch nie gehört habe und die sich in unseren Büchern nirgends finden. Wir haben darüber gelacht, die schöne Adate und ich, als Pater Fa-Tutto abwesend war, denn wir sind zu wohlerzogen und zu sehr durchdrungen von Deinen Lehren, als dass wir über Leute in deren Anwesenheit lachen.

Sie dauern mich, diese unglücklichen Bewohner Europas, die erst seit höchstens 6940 Jahren existieren, während unsere Ära schon 115 652 Jahre währt. Sie dauern mich noch mehr, dass sie Pfeffer entbehren müssen, Zimt, Gewürznelken, Tee, Kaffee, Seide, Baumwolle, Lack, Weihrauch, Würzpflanzen – all das, was das Leben angenehm machen kann; die Vorsehung muss sie lange Zeit vergessen haben. Und am meisten dauern sie mich, dass sie von so weit her kommen und unter solchen Gefahren, um uns mit der Waffe in der Hand unsere Lebensmittel zu rauben. In

Calicut sollen sie scheußliche Grausamkeiten begangen haben – des Pfeffers wegen. Dergleichen lässt die Natur der Inder schaudern, die in jeder Hinsicht von der ihren verschieden ist, denn ihre Oberkörper und ihre Schenkel sind behaart. Sie tragen lange Bärte, ihre Mägen gieren nach Fleisch. Sie berauschen sich an dem vergorenen Saft des Rebstocks, den, wie sie behaupten, ihr Noah angepflanzt hat. Selbst Pater Fa-Tutto, so gesittet er sonst auch sein mag, hat zwei Hühnchen abgekehlt; er hat sie in einem Kessel gegart und hat sie kaltherzig verspeist. Dieser barbarische Akt hat ihm den Hass der ganzen Nachbarschaft eingebracht, die wir nur mit Mühe besänftigen konnten. Gott möge mir verzeihen, aber ich glaube, dieser Fremde hätte unsere heiligen Kühe, die uns Milch geben, verschlungen, hätte man ihn gelassen. Er hat jedoch versprochen, künftig keinen Mord an Hähnchen mehr zu begehen, sondern sich zufriedenzugeben mit frischen Eiern, Milchspeisen, Reis, unserem vorzüglichen Gemüse, Pistazien, Datteln, Kokosnüssen, Kuchen, Mandeln, Keksen, Ananas, Orangen und allem, was unser vom Ewigen gesegnetes Klima hervorbringt.

Seit einigen Tagen scheint er Augenfreude mehr Aufmerksamkeit zu widmen. Er hat für sie sogar zwei italienische Verse geschrieben, die auf *-o* ausgehen. Diese Höflichkeit gefällt mir sehr; Du weißt ja, wie glücklich es mich macht, wenn man meiner geliebten Adate Gerechtigkeit widerfahren lässt.

Lebe wohl. Ich lege mich zu Deinen Füßen, die Dich immer den rechten Weg geführt haben, und ich küsse Deine Hände, die immer nur die Wahrheit geschrieben haben.

Antwort Schastasids

Mein lieber Sohn in Birmah[4] und in Brahma, Dein Fa-Tutto, der Hühnchen tötet und Verse für Deine geliebte Adate schreibt, gefällt mir ganz und gar nicht. Gebe Birmah, dass meine bangen Ahnungen unbegründet sind!

Ich kann Dir schwören, dass man in keinem Teil der Welt, sei er auch noch so jung, jemals von seinem Adam oder von seinem Noah wusste. Selbst Griechenland, der Sammelplatz aller merkwürdigen Geschichten zu der Zeit, da Alexander sich unseren Grenzen näherte, hat niemals von ihnen gehört. Es wundert mich nicht, dass Liebhaber des Weines wie die abendländischen Völker solch ein Gewese machen um den Mann, der, wie sie behaupten, den ersten Rebstock pflanzte; aber sei versichert, die gesamte bekannte Antike wusste nichts von einem Noah.

Es stimmt schon, dass zur Zeit Alexanders in einem Winkel Phöniziens ein kleines Volk lebte, das zuvor lange Zeit zu Babylon in Sklaverei verbracht hatte. Es zimmerte sich während seiner Gefangenschaft eine Geschichte zurecht, und einzig in dieser Geschichte ist jemals von Noah die Rede gewesen. Als dieses kleine Volk später in Alexandria bestimmte städtische Privilegien erhielt, übersetzte es dort seine Annalen ins Griechische. Anschließend wurden sie ins Arabische übersetzt, und erst in jüngster Zeit erfuhren unsere Gelehrten ein paar Dinge über diese Geschichte, sie wird aber von ihnen genauso geringgeschätzt wie der elende Haufen, der sie verfasst hat.[5] Es wäre doch wirklich komisch, wenn alle Menschen, die ja Brüder sind, ihre Abstammmungsurkunden verloren hätten und diese Urkunden sich nur bei einem kleinen Seitenzweig der Familie wiederfänden. Mir bangt, mein lieber Freund, dass die Landsleute Deines Pater Fa-Tutto, die sich, wie Du berichtest, zu diesen Ansichten bekennen, ebenso schwachsinnig und lächerlich wie eigensüchtig, heimtückisch und grausam sind.[6]

Heirate so bald wie möglich Deine bezaubernde Adate, denn noch einmal: Ich fürchte die Fa-Tuttos mehr als die Noahs.

Les Lettres d'Amabed, 1769

Die Prinzessin von Babylon

Die unvergleichliche Formosante war schon vor einer ganzen Weile zu Bett gegangen. Neben ihr Lager hatte sie sich einen kleinen Orangenbaum in einem silbernen Topf stellen lassen; er diente ihrem Vogel als Ruheort. Ihre Bettvorhänge waren geschlossen; aber sie verspürte keinerlei Lust zu schlafen; ihr Herz und ihre Phantasie waren allzu wach. Sie hatte den bezaubernden Unbekannten vor ihren Augen; sie sah ihn, wie er einen Pfeil mit dem Bogen des Nimrod abschoss; sie schaute, wie er den Löwen köpfte; sie sagte das Madrigal vor sich hin, das er ihr überreicht hatte; schließlich sah sie ihn auf seinem Einhorn aus der Menge fortreiten. Da brach sie in Schluchzen aus; unter Tränen rief sie: »Ich sehe ihn also niemals wieder; er kehrt nicht zurück!«[1]

»Er kehrt zurück, gnädige Frau«, antwortete ihr der Vogel von seinem Orangenbaum herab. »Kann man Euch gesehen haben, ohne Euch wiedersehen zu müssen?«

»O Himmel! O ewige Mächte! Mein Vogel spricht reines Chaldäisch[2]!«

Mit diesen Worten öffnet sie die Vorhänge, streckt ihm die Arme entgegen, kniet nieder auf ihrem Bett: »Seid Ihr ein Gott, der herabgefahren ist zur Erde? Seid Ihr der große Oromazes[3], der sich unter diesem schönen Federkleid verbirgt? Wenn Ihr ein Gott seid, so bringt mir den schönen jungen Mann zurück.«

»Ich bin nur ein Federvieh«, entgegnete der andere, »doch kam ich in jener Zeit zur Welt, da noch alle Tiere sprechen konnten und Vögel, Schlangen, Eselinnen, Pferde und Greife sich ganz zwanglos mit den Menschen unterhielten. Vor den anderen wollte ich nicht reden, weil ich fürchtete, Eure Hofdamen könnten mich für einen Zauberer halten; daher will ich mich nur Euch entdecken.«

Entgeistert, verwirrt, berauscht von all den Wunderdingen und von dem Drang befallen, hundert Fragen auf einmal zu stellen, erkundigte sich Formosante als Erstes, wie alt er sei. »Siebenundzwanzigtausendneunhundert Jahre und sechs Monate, gnädige Fürstin; ich komme aus dem Beginn des Zeitalters der kleinen Himmelsumdrehung, einer Periode, die Eure weisen Männer den Zyklus der Präzession nennen und die sich in ungefähr achtundzwanzigtausend Eurer Jahre vollzieht.[4] Es gibt noch unendlich längere Umdrehungen, daher sind einige bei uns noch viel älter als ich. Es ist jetzt zweiundzwanzigtausend Jahre her, dass ich auf einer meiner Reisen Chaldäisch lernte. Die Sprache hat mir immer sehr gefallen, bis heute. Jedoch haben die anderen Tiere, meine Wesensbrüder, dort, wo Ihr wohnt, darauf verzichtet zu sprechen.«

»Warum denn, mein göttlicher Vogel?«

»Ach weh, weil die Menschen schließlich die Gewohnheit annahmen, uns zu verspeisen, anstatt sich mit uns zu unterhalten und gemeinsam mit uns nach Bildung zu streben. Diese Barbaren! Hätten sie nicht genau wissen müssen, dass uns, die wir die gleichen Organe haben wie sie, die gleichen Empfindungen, die gleichen Bedürfnisse, die gleichen Begierden, ganz wie ihnen auch das eigen ist, was man eine Seele nennt; dass wir ihre Brüder sind und dass man nur die Bösen braten und essen darf? Wir sind in solchem Maße eure Brüder, dass das große Wesen, das ewige Schöpferwesen, als es einen Bund mit den Menschen schloss, uns ausdrücklich in den Vertrag mit aufgenommen hat.[5] Darin ist euch verboten, euch von unserem Blute zu nähren, und uns, das eure zu trinken.[6]

Die Fabeln eures alten Luqman[7], die in so viele Sprachen übersetzt worden sind, werden bis in alle Ewigkeit Zeugnis ablegen von dem glücklichen Umgang, den ihr ehedem mit uns pflegtet. Sie beginnen alle mit den Worten: ›Zu der Zeit, als die Tiere noch sprachen.‹[8] Zwar gibt es bei euch viele Frauen, die immer noch zu ihren Hunden sprechen, aber die haben beschlossen, nicht zu antworten, seit man sie mit Peitschenhieben zwang, auf die Jagd zu gehen und sich zu Komplizen zu machen bei der Ermordung unserer alten gemeinsamen Freunde, der Hirsche, des Damwilds, der Hasen und der Rebhühner.

Ihr habt noch alte Dichtungen, in denen die Pferde sprechen, und eure Kutscher richten jeden Tag das Wort an sie, doch mit einer solchen Grobheit und in derart gemeinen Worten, dass die Pferde, die euch früher so sehr liebten, euch heute verabscheuen.

Das Land, in dem Euer bezaubernder Unbekannter wohnt, der vollkommenste aller Menschen, ist inzwischen das einzige, wo eure Spezies die unsere noch zu lieben und mit ihr zu reden weiß. Es ist die einzige Gegend auf der Erde, in der die Menschen gerecht sind.«

»Und wo liegt dieses Land meines teuren Unbekannten? Wie ist der Name dieses Helden? Wie heißt sein Reich? Denn ich mag ebenso wenig glauben, dass er ein Schäfer ist, wie ich glaube, dass Ihr eine Fledermaus seid.«

»Sein Land, gnädige Fürstin, ist das der Gangariden[9], eines tugendhaften und unbesiegbaren Volkes, welches das östliche Ufer des Ganges bewohnt. Der Name meines Freundes ist Amasan. Er ist kein König, und ich weiß nicht einmal, ob er sich dazu herablassen würde, einer zu sein; dazu liebt er seine Landsleute zu sehr. Er ist Schäfer wie sie. Aber glaubt bloß nicht, dass unsere Schäfer den euren gleichen, die, von zerrissenen Lumpen kaum bedeckt, Schafe hüten, die unendlich besser gekleidet sind als sie, die unter der Last der Armut stöhnen und die Hälfte des kärglichen Lohnes, den sie von ihren Herren bekommen, einem Steuereintreiber überlassen müssen. Die gangaridischen Schäfer, allesamt gleich geboren, sind Herren unzähliger Herden, die ihre ewig blühenden Wiesen bedecken. Diese Tiere werden niemals getötet; es ist ein furchtbares Verbrechen gegen den Ganges, seinesgleichen zu töten und zu verspeisen. […]«

La Princesse de Babylone, 1768, Kapitel 5

Über das Böse

Über das Böse, und in erster Linie über die Vernichtung der Tiere

Zu der Vorstellung von Gut und Böse konnten wir immer nur in Bezug auf uns selbst gelangen. Die Leiden eines Tieres erscheinen uns deshalb als ein Übel, weil wir, die wir Tiere sind wie sie, meinen, wir wären sehr zu bedauern, täte man uns das Gleiche an. Wir hätten dasselbe Mitleid mit einem Baum, sagte man uns, dass er Qualen verspürt, wenn man ihn fällt, ebenso mit einem Stein, erführen wir, dass er leidet, wenn man ihn behaut. Doch würden wir den Baum und den Stein viel weniger bedauern als ein Tier, weil sie uns weniger ähneln. Selbst von dem furchtbaren Tod der Tiere, die für unseren Tisch bestimmt sind, lassen wir uns bald nicht mehr rühren. Die Kinder, die beim Tod des ersten Huhns, das man vor ihren Augen umbringt, noch weinen, lachen beim zweiten.

Schließlich ist nur allzu gewiss, dass dieses widerliche Gemetzel, das in unseren Schlachthöfen und in unseren Küchen unablässig stattfindet, uns nicht als ein Übel erscheint. Im Gegenteil, wir betrachten diese abscheulichen Gräuel als einen Segen des Herrn, und wir haben auch noch Gebete, in denen ihm für diese Morde gedankt wird. Was aber gibt es Scheußlicheres, als sich immerfort von Kadavern zu ernähren?

Freilich verbringen nicht nur wir unser Leben damit, zu töten und zu verzehren, was wir getötet haben; vielmehr bringen sich alle Tiere gegenseitig um; ein unwiderstehlicher Reiz treibt sie dazu. Von den kleinsten Insekten bis zum Rhinozeros und zum Elefanten ist die Erde ein einziges Gefilde des Kriegs, der Tücke, der Massaker, der Zerstörung. Es gibt kein Tier, das nicht sein Beutetier hätte und, um dieses zu packen, das gleiche Quantum an List und Verbissenheit aufwendete, mit der die abscheuliche Spinne die unschuldige Fliege anlockt und vertilgt. Eine grasende Schafherde vertilgt in einer Stunde mehr Insekten, als Menschen auf der Welt sind.

Und was noch viel grauenhafter ist – hinter all diesem entsetzlichen, ständig neu sich wiederholenden Gemorde zeichnet sich ein wohldurchdachter Plan eindeutig ab: Alle Arten sollen sich dauerhaft erhalten, indem sie sich die blutigen Kadaver ihrer jeweiligen Feinde einverleiben. Diese Opfer lassen ihr Leben erst, nachdem die Natur sorgsam neue geliefert hat. Alles wird neu geboren für den Mord.

Ich sehe indes, dass keiner unserer Moralisten, keiner unserer redseligen Prediger, nicht einmal einer unserer scheinheiligen Heuchler sich den geringsten Gedanken über diese grässliche Gewohnheit gemacht hätte, die uns zur Natur geworden ist. Da muss man schon zum frommen Porphyrios und zu den mitfühlenden Pythagoreern zurückgehen, um jemanden zu finden, der bewirken könnte, dass wir uns unserer blutigen Fresserei schämen; oder man muss zu den Brahmanen reisen. Denn was unsere Mönche betrifft, so haben die Gründer ihrer Orden zwar aus einer Laune heraus den Fleischverzicht verhängt; dennoch morden die Brüder: Seezunge oder Steinbutt nämlich, wenn nicht sogar Rebhuhn oder Wachtel.[1] Und weder unter den Mönchen noch auf dem Konzil von Trient noch auf unseren Klerikerversammlungen noch in unseren Akademien ist jemand auf den Gedanken gekommen, diese allgemeine

Metzelei als böse zu bezeichnen. Auf den Konzilen hat man ebenso wenig daran gedacht wie in den Kneipen.

Das Große Wesen ist bei uns also freigesprochen von dieser Metzelei, oder aber es hat uns zu Komplizen.

Über das Böse im Tier namens Mensch

So viel zum Tier; kommen wir zum Menschen. Wenn das einzige Wesen auf Erden, das Gott kraft seiner Gedanken zu erkennen vermag, kraft seiner Gedanken unglücklich ist; wenn dieser Anbeter der Gottheit fast immer ungerecht und leidend ist; wenn er die Tugend sieht und das Verbrechen begeht; wenn er so oft Betrüger und Betrogener, Opfer und Henker von seinesgleichen ist usw. usw. – wenn all das nicht etwas abscheulich Böses ist, dann weiß ich nicht, wo sonst man das Böse wird finden können.

Die Tiere und die Menschen leiden fast ununterbrochen, die Menschen sogar noch mehr, denn nicht nur ist ihre Gabe zu denken sehr oft eine Qual, sondern es lässt auch diese Fähigkeit zu denken sie immerfort den Tod fürchten, von dem die Tiere nicht wissen, dass er kommt. Der Mensch ist ein sehr elendes Wesen, das in seinem kurzen Leben ein paar Stunden der Ruhe hat, ein paar Minuten der Zufriedenheit – und dann wieder eine lange Folge von schmerzlichen Tagen. Jeder räumt es ein, jeder sagt es, und so ist es. [...]

Il faut prendre un parti (dt. *Man muss Partei ergreifen*),
1772, Kapitel 15

Zu dieser Ausgabe

Alle Texte in diesem Band wurden neu übersetzt nach der Ausgabe:

> Œuvres complètes de Voltaire. Nouvelle édition avec notices, préfaces, variantes, table analytique, les notes de tous les commentateurs et des notes nouvelles. Conforme pour le texte à l'édition de Beuchot. Enrichie des découvertes les plus récentes et mise au courant des travaux qui ont paru jusqu'à ce jour. Précédée de la vie de Voltaire par Condorcet et d'autres études biographiques. [Sous la direction de Louis Moland.] 52 Bde. Paris: Garnier, 1877–85.

Diese Ausgabe ist online verfügbar unter:

> https://fr.wikisource.org/wiki/Œuvres_complètes_de_Voltaire

Die Anmerkungen wurden in Zusammenarbeit mit dem Übersetzer vom Verlag erstellt.

Anmerkungen

Tiere

1 Diese Ansicht vertritt René Descartes (1596–1650) in seinem Hauptwerk *Discours de la méthode pour bien conduire sa raison et chercher la verité dans les sciences* (dt. *Abhandlung über die Methode, seine Vernunft gut zu gebrauchen und die Wahrheit in den Wissenschaften zu suchen*, 1637) und, nachdrücklicher noch, im Brief an William Cavendish, Marquess of Newcastle, von 1646.

2 Nach Thomas von Aquin (1225–1274), Hauptvertreter der Scholastik.

3 »Gott ist die Seele der Tiere«. Nicht belegtes Zitat, das auf Thomas Willis (*De anima brutorum*, 1672) und Pierre Bayle (*Dictionnaire historique et critique*, 1697) zurückgeht.

Das Denken der Tiere

1 Voltaire macht sich über Theorien von Descartes lustig, der gemeint hatte, die Bewegung der Planeten gehe auf Ätherwirbel zurück, die den Weltraum erfüllte, und diese Wirbel würden Rillen in der Materie erzeugen.

2 Lutherbibel (Revision 1912), 1. Mose 9,2 ff.: »[2]Furcht und Schrecken vor euch sei über alle Tiere auf Erden und über alle Vögel unter dem Himmel, über alles, was auf dem Erdboden kriecht, und über alle Fische im Meer; in eure Hände seien sie gegeben. [3]Alles, was sich regt und lebt, das sei eure Speise; wie das grüne Kraut habe ich's euch alles gegeben. [4]Allein esst das Fleisch nicht, das noch lebt in seinem Blut. [5]Auch will ich eures Leibes Blut rächen und will's an allen Tieren rächen und will des Menschen Leben rächen an einem jeglichen Menschen als dem, der sein Bruder ist. [6]Wer Menschenblut vergießt, des Blut soll auch durch Menschen vergossen werden; denn Gott hat den Menschen zu seinem Bilde gemacht.«

Mitgefühl gegenüber den Tieren

1 Der kurze Text ist eine Anmerkung Voltaires zu seinem *Traité sur la tolérance* (dt. *Abhandlung über die Toleranz*, 1763), und zwar zu der Stelle im 12. Kapitel, an der er Unterschiede zwischen dem Mosaischen Gesetz und den Noachidischen Geboten (siehe dazu weiter unten) erwähnt.

2 Siehe Anm. 2 zu »Das Denken der Tiere«.

3 Die Unterscheidung von *anima vegetativa* (Körper), *sensitiva* (Empfindungen) und *rationalis* (Verstand) bei Thomas von Aquin geht zurück auf Aristoteles.

4 Die Noachidischen Gebote sind Gesetze, die für alle Menschen (da sie alle Nachkommen Noahs sind) gelten: Verbot von Mord, von Diebstahl, von Götzendienst, von Inzest, Verbot, Teile eines lebenden Tieres zu essen, Verbot der Gotteslästerung sowie die Wahrung des Rechtsprinzips.

5 »Roh-Esser« (griech. *omádios*) war ein Beiname des griechischen Gottes Dionysos. Inwiefern das Roh-Essen von Tieren (und auch Menschen) tatsächlich Teil des Dionysos-Kults war, ist unklar.

6 Anhänger des Pythagoras von Samos (ca. 570–495 v. Chr.), der in Süditalien eine philosophisch-religiöse Schule begründet hatte; im weiteren Sinne alle, die sich auf seine Weltanschauung (u. a. Unsterblichkeit der Seele und Vegetarismus) beziehen.

7 Porphyrios von Tyros (ca. 234–305), neuplatonischer Philosoph, der über 60 Werke verfasste, von denen nur ein kleiner Teil erhalten ist. Seine Schrift *Peri apoches empsychon* (dt. *Über die Enthaltung vom Beseelten*) las Voltaire in der 1747 erschienenen französischen Übersetzung *Traité de Porphyre, touchant de l'abstinence de la chair des animaux* von Jean Levesque de Burigny.

Gespräch zwischen dem Kapaun und dem Masthuhn

1 Ludwig der Fromme (778–840), ein Sohn Karls des Großen, ließ seinen Neffen Bernhard (um 779–818), der König in Italien war, blenden, nachdem dieser gegen ihn rebelliert hatte.

Fleisch, Fleischverbote, Gefahren des Fleischverzehrs

1 Frz. *viande* von lat. *vivenda/vivanda* (zu *vivere* ›leben‹): ›das, was zum Leben dient‹, wörtlich also: Lebensmittel.

2 1. Korinther, Kapitel 8 [Anm. Voltaires]. – Lutherbibel 1912: »Zwar kann uns keine Speise vor Gottes Gericht bringen. Wenn wir nicht essen, verlieren wir nichts, und wenn wir essen, gewinnen wir nichts.« (1. Kor. 8,8)

3 Im Brief an die Galater – Lutherbibel 1912: »Als Kephas aber nach Antiochia gekommen war, bin ich ihm offen entgegengetreten, weil er sich ins Unrecht gesetzt hatte. Bevor nämlich Leute aus dem Kreis um Jakobus eintrafen, pflegte er zusammen mit den Heiden zu essen. [...] Als ich aber sah, dass sie von der Wahrheit des Evangeliums abwichen, sagte ich zu Kephas in Gegenwart aller: Wenn du als Jude nach Art der Heiden und nicht nach Art der Juden lebst, wie kannst du dann die Heiden zwingen, wie Juden zu leben?« (Gal. 2,11–14; Kephas war der aramäische Name des Petrus.)

4 Apostelgeschichte, Kapitel 10 [Anm. Voltaires]. – Lutherbibel 1912: »Er sah den Himmel offen und eine Schale auf die Erde herabkommen, die aussah wie ein großes Leinentuch, das an den vier Ecken gehalten wurde. Darin lagen alle möglichen Vierfüßler, Kriechtiere der Erde und Vögel des Himmels. Und eine Stimme rief ihm zu: Steh auf, Petrus, schlachte und iss!« (Apg. 10,11–13)

5 Frühchristliche Sekte; die Ebioniten (wörtlich: ›die Armen‹) lehnten Tieropfer ab und waren Vegetarier.

6 Angehörige der Societas Jesu (›Gesellschaft Jesu‹), eines katholischen Ordens, der aufgrund von Verschwörungstheorien zur Zeit Voltaires starken Anfeindungen ausgesetzt war.

7 Angehörige der obersten Kaste in Indien. Sie stellten die Gelehrten und Priester. »Die Eigenschaften eines Brahmanen sind Reinheit, gutes Verhalten, Mitleid mit allen Lebewesen«, heißt es im altindischen Epos *Mahabarata*.

8 Der Arzt Philippe Hecquet propagierte eine enthaltsame Lebensweise und verfasste einen *Traité des dispenses du carême* (dt. *Abhandlung über die Befreiung vom Fastengebot*, 1709), in dem er

darlegt, dass der Verzicht auf fette Lebensmittel und das Fasten überhaupt der Gesundheit förderlich seien.

9 Die Trappisten, die zum Orden der Zisterzienser gehören, sind strenge Vegetarier; vgl. Anm. 1 zu »Über das Böse«.

10 Porphyrios' Werk *Kata Christianon* (dt. *Gegen die Christen*) ist nicht erhalten.

11 Die Essener, eine jüdische Ordensgemeinschaft des 2. vorchristlichen Jahrhunderts, lebten zum Teil in strenger Askese.

12 »Fressgier, Würfel[spiel] und faule Federn / Haben jegliche Tugend aus der Welt vertrieben«; aus Sonett 7 im *Canzoniere* von Francesco Petrarca (1304–1374).

Hund

1 Der sogenannte ›Französische Wasserhund‹, ein Vorfahre des Pudels.

2 Voltaire macht sich in seinen Schriften wiederholt über Speisevorschriften der Bibel (etwa 3. Mose 11) lustig, die den Verzehr auch mythologischer Tiere wie Ixion und Greif verbieten.

3 *Reise nach dem Königreiche Peru*, 6. Buch [Anm. Voltaires]. – Antonio de Ulloa y Torre-Guiral (1716–1795) nahm an verschiedenen Forschungsreisen nach Südamerika teil und veröffentlichte Berichte darüber, eine französische Übersetzung war 1752 erschienen.

4 Plutarch im Kapitel über Isis und Osiris [Anm. Voltaires]. – Plutarch berichtet das in seinen *Moralia*. Der gleich darauf erwähnte Gott Anubis wurde als liegender Hund oder als Mensch mit Hundekopf dargestellt. Der persische König Kambyses II. (um 558–522 v. Chr.) eroberte 525 v. Chr. die ägyptische Hauptstadt Memphis, wo der heilige Stier Apis verehrt wurde.

5 Der Höllenhund der griechischen Mythologie, der den Eingang zur Unterwelt bewacht.

6 1727 war *Les Chats* (dt. *Die Katzen*) von François-Augustin Paradis de Moncrif (1687–1770) erschienen, das erste allein den Katzen gewidmete Buch.

Lachen

1 *Metamorphoses* (oder *Asinus aureus*, dt. *Der goldene Esel*), Roman von Apuleius (um 123–170 n. Chr.). Lucius, der Held des Romans, wird in einen Esel verwandelt und erlebt allerlei zum Teil recht derbe Abenteuer. Er erregt Gelächter, wenn er z. B. für Menschen zubereitete Speisen isst.
2 Das lateinische Wort bezeichnet eine aggressive Form des Lachens.
3 Élie Fréron (1718–1776) hatte in seiner Zeitschrift *L'Année littéraire* Voltaire kritisiert, worauf dieser ihn mit seinem Spott verfolgte, u.a. in *L'Écossaise* (dt. *Die Schottländerin*), einer Komödie, die beim Theaterpublikum großen Erfolg hatte.

Mitleid ein Gebot der Menschlichkeit

1 *An Essay Concerning Human Understanding* (1690), klassische erkenntnistheoretische Abhandlung von John Locke (1632–1704).
2 Wörtlich: Urteil über den Glauben; gemeint ist hier die öffentliche Verbrennung der von den spanischen und portugiesischen Inquisitionsgerichten Verurteilten auf dem Scheiterhaufen. Goa, an der Westküste Indiens, war portugiesische Kolonie; siehe auch *Die Briefe des Amabed* in diesem Band.
3 Isaac Newton (1642–1726), Verfasser u. a. der *Opticks* (dt. *Optik*, 1704) und der *Philosophiae naturalis principia mathematica* (dt. *Die mathematischen Grundlagen der Naturphilosophie*, 1687); beide zählen zu den bedeutendsten wissenschaftlichen Werken überhaupt.

Über Indien

1 Römische Provinz (wörtlich: ›das steinige Arabien‹), die den Sinai und das heutige Westjordanien umfasste, mit der Hauptstadt Petra.
2 Siehe Anm. 4 zu »Die Briefe des Amabed«.

Ein Erlebnis in Indien

1 Asketen (von griech. *gymnós* ›nackt‹ und *sophía* ›Weisheit‹), denen Alexander der Große in Indien begegnet sein soll und die ein Leben der Enthaltsamkeit führten.

2 Silen oder Silenos ist eine Gestalt der griechischen Mythologie, Lehrer und Begleiter des Dionysos, trinkfreudig und weise. Er wird auf einem Esel reitend dargestellt. Eine der *Orphischen Hymnen* aus dem 3./2. Jh. v. Chr., deren Hauptthema Dionysos ist, ist an Silenos gerichtet.

3 Kroton (heute: Crotone) ist eine Ende des 8. Jh.s v. Chr. von Griechen gegründete Stadt in Süditalien (Kalabrien). Pythagoras kam um 530 v. Chr. nach Kroton; vgl. Anm. 6 zu »Mitgefühl gegenüber den Tieren«.

Die Briefe des Amabed

1 Amabed und Adate (von Amabed »Augenfreude« genannt) sind ein junges Hindu-Paar, das in der damaligen Kolonie Portugiesisch Indien lebt und von katholischen Missionaren der Apostasie, des Abfalls vom Glauben, beschuldigt wird. Man bringt sie nach Rom, wo ihnen am päpstlichen Hof der Prozess gemacht werden soll. Die Geschichte wird erzählt in Briefen an Amabeds geistlichen Lehrer, den Brahmanen Schastasid. Einer der Missionare ist ein Pater mit dem italienischen Namen Fa-Tutto (wörtlich: ›Macht alles‹), sein Kollege ist Fa-Molto (›Macht viel‹). Wiedergegeben ist hier der 2. Brief mit der Antwort Schastasids. Zeit der Handlung ist das Jahr 1512.

2 Die Banias oder Banianen sind eine indische Kaste von Kaufleuten und Geldverleihern. Der vorangehende Antwortbrief Schastasids war Amabed von einem Bania überbracht worden.

3 Die Abweichungen stammen aus dem hebräischen Text, dem samaritischen und der Septuaginta [Anm. Voltaires].

4 ›Birmah‹ ist eine alte Bezeichnung für Brahman, das unpersönliche, unveränderliche Urprinzip der hinduistischen Philosophie,

während Brahma der Schöpfergott ist. Brahma, Vishnu und Shiva sind die drei Hauptgötter des Hinduismus.

5 Man merkt deutlich, dass Schastasid hier als Brahmane spricht, dem die Gabe des Glaubens abgeht und dem auch die Gnade fehlt [Anm. Voltaires].

6 In diesem Absatz gibt Voltaire antijüdische Klischees wieder; im Original: »ein kleines Volk von Maklern und Wucherern« – »bei einem kleinen Seitenzweig der Familie, der aus Wucherern und Aussätzigen besteht«.

Die Prinzessin von Babylon

1 Um einen Gatten für seine Tochter Formosante zu finden, veranstaltet ihr Vater, der König von Babylon, einen Wettstreit. Einem Orakel zufolge kann nur der Formosante heiraten, der den 7 Fuß hohen Bogen Nimrods, des mythischen Jägers, spannt, was noch nie jemandem gelungen ist, den furchtbarsten Löwen des Landes tötet und weitere Taten vollbringt. Unter den Bewerbern ist auch ein junger Unbekannter auf einem Einhorn, der von einem Phönix begleitet wird.

2 Die Chaldäer waren ein Volk in Mesopotamien, in der Gegend von Babylon im 1. Jahrtausend v. Chr.

3 Ahura Mazda (»Herr der Weisheit«), auch Ormozd oder Ormuz, griechisch Oromazes, der Schöpfergott der zoroastrischen Religion.

4 Der Zyklus der Präzession ist ein Zeitraum von ca. 25 800 Jahren, während dessen die schräg zur Erdbahn stehende Erdachse sich einmal um die Senkrechte auf der Bahnebene bewegt.

5 Siehe das 1. Buch Mose, Kapitel 9, Vers 10, und Kapitel 3, Vers 18 und 19 des Prediger Salomo [Anm. Voltaires].

6 1. Mose 9,4 f.; vgl. Anm. 2 zu »Das Denken der Tiere«.

7 Sagenhafte Gestalt aus vorislamischer Zeit, ihm wird eine Sammlung von äsopischen Fabeln zugeschrieben.

8 So bei La Fontaine, *Fables* IV,1 (dt. *Fabeln*, 1668).

9 Mythisches Volk, das in Indien am Ganges gelebt haben soll.

Über das Böse

1 Die Mönche des Trappistenordens verzehren kein lebendes Wesen. Doch geschieht das bei ihnen weder aus einer Empfindung des Mitgefühls heraus noch um einer sanfteren Seele willen, die größeren Abstand zur Gewalt hält, auch nicht, um sich an Mäßigkeit zu gewöhnen, die ja für jemanden, der danach strebt, von äußeren Dingen unabhängig zu werden, erforderlich ist, und auch nicht, um sich ihren Verstand gesünder zu erhalten, den sie niemals zu gebrauchen geschworen haben. Das alles waren die Motive der Philosophen, die Schüler des Pythagoras waren. Unsere armen Trappisten pflegen die schlechte Küche nur, um auf diese Weise mit sich selbst ihren Schabernack zu treiben, was sie für sehr geeignet erachten, dem höchsten aller Wesen Vergnügen zu bereiten [Anm. Voltaires].

Nachwort

Es ist eigentümlich berührend, wenn wir in alten Texten von Themen lesen, die uns heute umtreiben, und dabei bemerken, dass unsere eigene Ratlosigkeit schon vor Jahrhunderten diagnostiziert, geteilt oder aber gelöst worden ist. Bei Voltaires hier zusammengestellten Texten über Vegetarismus, Tiere und Tierrechte ist das so. Er fragt nach einer Beziehung zwischen Tier und Mensch, die sowohl des Tieres als auch des Menschen würdig ist, er sucht nach einem moralisch trittfesten Boden für diese Beziehung. Allerdings bleibt die menschliche Praxis weit hinter dem moralischen Anspruch zurück, den die menschliche Theorie fordert. So ist es auch heute, könnte man meinen. Aber Voltaires zweihundertfünfzig Jahre alte Überlegungen sind nicht einfach nur, wie es so schön heißt, aktuell, sie sind mehr. Wir bleiben in unserer Beziehung zu den Tieren und zur lebendigen Umwelt insgesamt weiter hinter den Ansprüchen zurück denn je. Gewiss haben wir bessere Schulen, Wasserleitungen oder Gesetzbücher als das 18. Jahrhundert, aber unsere Schweine, Hühner oder Kühe sind deutlich ärger dran als ihre Artgenossen vor zweihundertfünfzig Jahren. Hinsichtlich des Daseins unserer Abermillionen Nutz- und Haustiere hat sich das Problem seit Voltaires Zeit in einer Art und Weise verschlimmert, die für ihn undenkbar gewesen ist.

Was der Aufklärer Voltaire so eindringlich wie nachvollziehbar verurteilt, ist, wie man heute sagen würde, extrem bio, eine Landwirtschaft ohne Massentierhaltung, ohne Chemie, ohne Traktor; die Lebensmittelerzeugung ist derart regional und saisonal, dass Hungersnöte und Hungertote auf der Tagesordnung stehen. Und doch sticht es ins Auge, mit welcher Grobheit und welchem Abscheu bereits Voltaire den Verzehr von Tieren beschreibt: Wir europäischen Menschen, »die Schlächter und die Fresser«, ergeben uns einer »blutigen Fresserei«. »Töten und Essen« gehören unlöslich zusammen und stellen ein »Gemetzel« in das Zentrum unseres Lebens, das Verrohung nicht nur ausdrückt, sondern auch einübt. Es ist ein »barbarischer Appetit« und ein »barbarischer Brauch«, es handelt sich schlichtweg um »Mord« und, hier leiht er sich den Begriff der alten Todsünde bei Petrarca, »Völlerei«.

Die Welt des Kochens und Essens ist im Ancien Régime extrem geteilt, eine Folge der extremen Kluft zwischen Adel und Volk, einer Ungleichverteilung von Rechten, Mitteln und Privilegien, die man heute eher aus dem globalen Vergleich, nicht mehr aus dem regionalen Nebeneinander kennt. Der Kontrast zwischen Opulenz und Hungersnot ist heftig. Während auf adeligen Tafeln wahre Architekturen aus Essen gebaut werden, gibt es im Haushalt des Volkes oft genug nichts, rein gar nichts; wie es der bayerische Aufklärer Joseph von Hazzi Ende des 18. Jahrhunderts über das Umland Münchens, heute die reichsten Landkreise der Republik, beschrieb:

> Der gewöhnliche Trunk ist Wasser. Die Kost fast durchaus Getreide mit sehr wenigen Veränderungen an Gestalt, und Beimischungen von Wasser, Milch, Schmalz, Butter, selten Eyer. Fleisch wird sehr wenig genossen; zum Gemüß haben sie nur Erbsen und Sauerkraut, in wenigen Orten Salat. Da es leider fast keine Gärten und

> Krautländer giebt, so haben sie auch keinen Kohl, Erdäpfel, Rettig, Spinat, Gugumern, Zwiebel, Obst etc.[1]

Oder noch bündiger: »Das Brod ist durchgängig schlecht; nirgends ißt man Fleisch.« Demgegenüber verzeichnen die Speisepläne der französischen Königin Marie Antoinette noch im Juli 1788 für ein x-beliebiges Essen, nach 28 expliziertem Fleischgerichten, abschließend kokett »16 kleine Nachspeisen«. (Genau, Marie Antoinette ist die, die dem Volk Kuchen als Ersatz für mangelndes Brot anriet.)

Essen ist unmittelbar spürbarer Ausdruck politischer Macht: Die Frage nach der Völlerei betrifft die Gerechtigkeit nicht nur den Tieren gegenüber, sondern auch in menschlicher Gesellschaft, entsprechend ist Mäßigkeit nicht nur eine Gesundheitsregel, sondern auch eine Herrschertugend. Die Verschwendung von Lebensmitteln ist, damals wie heute, ein glasklarer Skandal. Der Brotpreis schiebt die Revolution.

Die Mehrheit der Bevölkerung lebt also vegetarisch, auch betreibt sie eine von heute aus betrachtet recht naturnahe Landwirtschaft – allerdings aus Not, nicht aus Überzeugung oder Überlegung. Voltaire in seiner eigenen Lebenspraxis wählt hingegen den modernen Weg, die absichtsvolle Diät. Auch er tut das aber nicht aus Überzeugung oder Überlegung, sondern aus Not. Der 1694 in Paris geborene *homme de lettres* stammt zwar aus einem durchaus wohlhabenden Haus und wird sein eigenes Vermögen lebenslang mit energischem, auch skrupellosem Ehrgeiz mehren; zwar kann man ihn schon als sinnenfroh bezeich-

1 *Statistische Aufschlüsse über das Herzogthum Baiern*, Band IV, 3, Nürnberg 1808, S. 641.

nen und liebt er es auch, dem Gepräge und Geprunke des Adels nachzueifern und seinen Status zu markieren. Aber Voltaires Konstitution ist schwach, sein Magen und Kreislauf sensibel, Krankheitsanfälle und Zusammenbrüche jagen einander, stets ist Schonung geboten.

Ab den 1730er-Jahren genießt Voltaire mehr und mehr das Leben auf dem Land, in innerer und äußerer Mäßigung, in einem Garten. Wenn sein Kopf auch immer ein höchst urbaner Kopf bleibt, so ist er doch ein leidenschaftlicher Gärtner, und das sagt bekanntlich viel. Die Lust seiner langjährigen Lebensgefährtin Émilie du Châtelet an Soupers, Diners und sonstigen Ausschweifungen der großen Welt schlagen ihm nicht nur aufs Hirn, sondern mehr und mehr auch buchstäblich auf den Magen. Entsprechend wird Voltaire oft als ein aufs Skelett abgemagerter, zerbrechlicher Körper beschrieben oder gezeichnet. Erstaunlich, ja kaum nachzuvollziehen ist da die Elastizität, mit der Voltaire immer wieder aufspringt, sich erholt, eine neue Phase der Produktivität einleitet und als Schriftsteller in Qualität und Quantität größte Wirkung entfesselt. Dieser Voltaire ist ausgesprochen fragil und ausgesprochen resilient.

Im fortgeschrittenen Alter erwirbt Voltaire in der Umgebung von Genf Häuser nebst Land und Leuten (1755 vorübergehend die Villa Les Délices, dann 1758 endgültig das Gut Ferney) und wird also ein großer Herr bzw. winziger Fürst. Für Feste in Les Délices setzt es schon mal Rügen der gestrengen Genfer Stadtregierung. Er widmet die letzten zwei Jahrzehnte seines Lebens ganz der Schreib- und Organisationsarbeit, er gebietet über außergewöhnliche Mittel, die er wiederum in ›seiner‹ Gemeinde Ferney investiert (Mitte der 1770er-Jahre beläuft sich sein Jahreseinkommen auf 150 000 Livres; das Jahreseinkommen eines fleißigen Handwerksmeisters bewegte sich um die 350 Livres). In der Zeit auf dem Lande im grenznahen, also fluchtgünstigen Pays de Gex entstehen auch die Texte dieser Sammlung. Mit nur einer Ausnahme, nämlich dem Auszug aus seinen *Éléments de la philosophie de Newton* von 1738, die auf dem anderen ländlichen und grenznahen Schloss in Voltaires Leben, in Cirey, entstanden, wo er für fünfzehn Jahre mit der Mathematikerin Émilie du Châtelet lebte und arbeitete.

In Ferney schreibt und gärtnert Voltaire, pflegt die Beziehung zu anderen Formen des Lebens und kümmert sich auch um die Verpflegung seiner ›Untertanen‹: 1770/71, anlässlich einer winterlichen Lebensmittelknappheit in seiner Gemeinde, entwickelt er eigens ein Brot auf Kartoffelbasis. Es findet (dem Hunger zum Trotz) keinen Anklang.

Für sich selbst aber schwört er auf die Diät als Mittel, seine Gesundheit zu erhalten oder von einer Krankheit loszukommen. Erstmals lernte er diese (nach damaligen wie heutigen Verhältnissen) sehr sanfte Form der Medizin 1728 anlässlich eines Zusammenbruchs kennen. Voltaire kehrte nach zweieinhalb Jahren im englischen Exil nach Frankreich zurück, betrat seine Heimat zunächst inkognito und quartierte sich in Dieppe für einige Monate bei Jacques Féret ein, einem Apotheker. Der richtete den Philosophen mit Diät und Sport (*régime* und *exercice*) wieder auf.

Belege für die Gesundheit des vegetarischen Lebens und mäßigen Essens findet Voltaire nicht nur in seiner eigenen Lebenspraxis. Er sucht und findet sie auch in der Geschichte der Philosophien und Religionen, und zwar ganz besonders in urältester Zeit, in einer Zeit exemplarischer Reinheit. Für Tierverzehr und Tierrecht gilt wie für so vieles andere, dass seit Jahrhunderten und Jahrtausenden eigentlich klar ist, was geht und was nicht, was gerecht ist und was nicht, was vernünftig ist und was nicht. Immer wieder bezieht sich Voltaire in den hier zusammengestellten Texten auf den griechischen Philosophen Pythagoras und seine Schüler, vor allem den gut achthundert Jahre später wirkenden Porphyrios, der kurz nach 300 in Rom starb. Anders als von Pythagoras sind von Porphyrios umfängliche Schriftzeugnisse erhalten, und er zeichnet sich nicht nur als Christenfeind aus, sondern liefert auch ein zusammenhängendes Werk über den Vegetarismus – dieser sei die einzige dem Menschen moralisch und spirituell angemessene Ernährungsweise und nicht zuletzt sehr gesund. Zu diesen beiden Philosophen, die die klassische Antike wie eine Klammer umspannen, treten bei Voltaire als wichtige Instanz die alten Inder. Mit der bereits durch ihr immenses Alter ausgezeichneten Kultur vom Ganges kann Voltaire belegen, dass nicht nur einzelne Geistesgrößen vegetarisch leben können, sondern auch ganze Zivilisationen. Die Höhe ihrer bereits urzeitlichen Aufklärung erweist sich an dem Minimum roher Gewalt im Alltag dieser Gesellschaft. Pythagoras, der dort, wie Voltaire eigens im *Aventure indienne* (1766) fabuliert, seine philosophische Prägung erfahren haben soll, stellt das Bindeglied dar. Was diese Denkschulen verbindet, ist das Argument der Seelenwanderung bzw. Wiedergeburt. Wer ein beseeltes Tier schlachtet und verzehrt, kommt gleichsam transgenerationalem Verwandtenmord und Kannibalismus gefährlich nahe. Durch das religiöse Steuerelement Seelenwanderung werden die respektvollsten und moralisch achtsamsten Beziehungen, beispielsweise die innerhalb der Familie, verallgemeinert auf die Gesamtheit der Beziehungen, die der Mensch mit Lebendigem unterhält. Der Brahmane ehrt, so Voltaire in seinem *Essai sur les mœurs* (1756), Vater und Mutter in jeder Kuh. Oder zumindest hat er Angst vor dem entsprechend hochgerechneten Tötungsdelikt, gleichviel. Die Seelenwanderung verankert einen weitgehenden Gewaltverzicht in der Gesellschaft, übt ihn ein, überhebt ihn schließlich der Diskussion: Es ist geradezu ein Musterbeispiel für alles, was Voltaire an Religion akzeptabel findet. Es mag immer unbelegbar oder märchenhaft sein, wenn es nur nützlich ist, das heißt Gerechtigkeit und Frieden in der Gesellschaft fördert.

Aber eine durch Krankheit erzwungene Lebenspraxis und der Verweis auf einen vorzeitlichen Gewährsmann machen noch keine Moral; zumal für uns Europäer, denen eine Religion fehlt, die Gewaltverzicht eingeübt hätte. Den Regeln der allgemein gültigen, unantastbaren Moral kommt man nur auf dem Weg der skeptischen Überprüfung und vernünftigen Überlegung nahe. Voltaire weiß, dass jahrtausendealte Lösungen nicht einfach so auf unsere heutigen Probleme zutreffen (wobei Krankheit und Vorzeit natürlich auch Vernunft fördern und enthalten können). Seine Werke stecken voller Anleihen und Anspielungen auf die Antike und andere ältere Kollegen, aber seiner skeptischen Überprüfung hält nichts völlig stand; darin ist Voltaire ganz Humanist, er verehrt, zerpflückt und überwindet seine Vorläufer. Es ist für ihn keine Frage, dass die Modernen den Antiken überlegen sind, und das ganz besonders im Bereich der philosophischen Denkarbeit. Mag am Ende auch derselbe ethische Imperativ stehen, der Weg der Begründung ist entscheidend – das nützliche Märchen von der Seelenwanderung genügt nicht.

Voltaires Philosophie basiert auf Skepsis. Deshalb zeugt sie zwar sehr wenige Schlussfolgerungen und Forderungen, die in Voltaires Werken immer wieder wie durch ein Kaleidoskop gedreht werden, aber diese werden dafür umso entschlossener vertreten. Gerechtigkeit, Friedfertigkeit und gegenseitige Hilfe in der Tier- und Menschenwelt gehören zu diesem Kernbestand. Wie kann man sie auch in unserem Verhalten gegenüber Tieren reklamieren? Voltaire geht geschickt vor. Er begründet kein den Tieren eigenes Tierrecht, sondern zeigt, dass für Tiere wie für Menschen die gleichen Prinzipien gelten sollten. Die Grenze zwischen den Spezies wird nicht eingeebnet, sondern sie spielt gar keine Rolle: Die ethischen Forderungen ergeben sich aus den Fähigkeiten der Betroffenen. Mitleid bezieht sich auf Leidensfähigkeit, Solidarität auf Gesellschaftstrieb. Wir schonen unseren Nächsten, nicht weil er die Krone der Schöpfung ist, sondern weil er Schmerz empfindet und erinnert; und unsere Kuh mag nur ein Schnürsenkel der Schöpfung sein und keine glorreiche *raison* besitzen, völlig egal, auch sie empfindet und erinnert Schmerz.

Voltaires Lieblingsfeind in dieser Angelegenheit ist Descartes, der Tiere als bloße Maschinen beschrieb, ohne Bewusstsein, ohne Empfindungsvermögen. Voltaire lehnt Maschinengleichnisse aller Art ab – auch wenn es um den Menschen geht, den sein zeitweiliger Potsdamer Kollege Julien Offray de La Mettrie als Maschine verstanden wissen wollte. Die Absurdität, dass der Schöpfergott Sinnesorgane gegeben haben soll, aber keine kognitive Leistungsfähigkeit, spricht ebenso dagegen wie das beobachtbare Gedächtnis der Tiere. Es zeugt von Voltaires skeptischer Redlichkeit, dass er die scharfe Differenz der Schulmeinung

Mensch/Tier selbst hinterfragt und statt der klaren Linie Graustufen und Übergangsbereiche entdeckt, das Kind etwa oder den Jagdhund. Auch physiologische Argumente bringt er in Anschlag: Gleichartige Körperteile zeugen von gleichartigen Fähigkeiten. Gleichartige Fähigkeiten reklamieren gleichartigen Respekt.

Natürlich bleibt ein Unterschied zwischen Mensch und Tier, aber nur ein feiner. Das Emblem dieses Unterschiedes, so Voltaire im Anschluss an eine lange Tradition, ist das Lachen. Am Lachen, dem Ausdruck der Freude, und am Weinen, dem Ausdruck der Trauer, erweist sich, dass bei aller physiologischen Ähnlichkeit der Mensch etwas wesentlich anderes ist. (Dass wir heute wissen, dass Tiere sehr wohl nicht nur zur Trauer, sondern gar zum Suizid in Gefangenschaft fähig sind, ist indes Wasser auf alle argumentativen Mühlen Voltaires.) Aber schon andere ebenso traditionelle Grenzlinien behalten nicht ihre ganze Schärfe, etwa die Sprache. In manchen der Texte dieser Sammlung, etwa in den vergleichsweise altersmilden *Questions sur l'Encyclopédie* (1770–72), scheint die Sprache das hervorstechende Unterscheidungsmerkmal zu sein: »Es fehlt ihnen nur die Sprache; könnten sie reden – würden wir dann wagen, sie zu töten und zu essen?« Ganz entsprechend bekehrt sich der in Indien lernende Pythagoras umso leichter zum Vegetarismus, als er die Sprache der Tiere spricht; das Goldene Zeitalter der Eintracht war jenes, in dem die Tiere noch sprechen konnten. Aber die Sprache hat hier einen anderen Rang als etwa das Lachen: Sprache und Verständigung machen die Anwendung der Moral einfacher, aber das hat nichts mit deren Richtungsfragen zu tun. In der Frage »Würden wir dann wagen, sie zu töten und zu essen?« schwingt bereits mit:

Falsch ist es so oder so. Im ganz und gar nicht milden *Dictionnnaire philosophique portatif* (1764) sticht Voltaire ins Zentrum dieser Frage: Die Tiere sprechen vielleicht nicht Französisch, aber sie kommunizieren doch, sie teilen mit, dass sie empfinden und erinnern, dass sie keine Steine sind. Und jedermann versteht, dass sie keine Steine sind, dass sie empfinden und erinnern. Die Probe aufs Exempel ist im *Dictionnnaire* der Mensch, der nicht spricht, aber sich dennoch verständlich macht: »Meinst du, dass ich über Gefühl, Gedächtnis, Gedanken verfüge, weil ich mit dir spreche? Nun denn: Ich spreche nicht mit dir.« Die menschliche Sprache, etwa das Französische, ist die Eisbergspitze, aber Empfindungsvermögen und Gedächtnis, *sentiment* und *mémoire*, machen es möglich, sie sind das Fundament – und genau danach hat sich die moralische Erwägung zu richten. Andersherum, aber ebenso treffend, formulierte es Denis Diderot 1769: Im Pariser Zoo lebt ein Orang-Utan, der aussieht wie Johannes der Täufer; ein Kardinal tritt vor ihn hin und sagt zu ihm: »Sprich nur ein Wort, so taufe ich dich!«[2]

Die Techniken der sprachlichen Verständigung und Annäherung, die die Anwendung der Moral einfacher machen, beherrscht Voltaire virtuos, wie besonders der *Dialogue du chapon et de la poularde* (1763) zeigt. Die Perspektivverschiebung lässt die Monstrositäten unseres kulinarischen Alltags zu Tage treten, indem die Tiere sprechen, uns Menschen beurteilen und ihr Lebensleid mit dem unseren vergleichen. Kapaun und Sänger teilen ein Schicksal, werden beide zu Objekten und Luxusgütern, zu Opfern der

2 *Entretien entre d'Alembert et Diderot*; zit. nach: *Œuvres complètes de Diderot*, volume 11, 1875, S. 190 (postum 1830).

menschlichen Langeweile. In dieser Verschiebung erscheint die Gesellschaft als Krone der Niedertracht, als Vernichterin und Feindin allen Lebens – sie entbehrt, und das macht die groteske Verschiebung so wunderbar deutlich, aller Menschlichkeit. *Humanité* ist für Kapaun und Masthuhn nicht sichtbar, sie lässt sich aus der gängigen Praxis nicht ableiten.

Diese *humanité* aber gilt es zu finden und universal anzuwenden. Für den mit Vernunft und Sprache begabten, für den lachenden und weinenden Menschen gilt eine moralische Wendung des Grundsatzes ›Eigentum verpflichtet‹: Überall entlang der Nahrungskette herrscht Fressen und Gefressenwerden, aber der Mensch kann sich für das Gute entscheiden, kann auf Grausamkeit verzichten. Genau die Vernunft, die ihn dazu befähigt, aus zivilisierter Feinschmeckerei dem Masthuhn die Gebärmutter rauszureißen, verpflichtet ihn dazu, es zu unterlassen und auf das Übermaß an Grausamkeit zu verzichten. Nur die Einsicht, die aus vernünftigem Nachdenken entsteht, kann die Abstumpfung gegenüber der Grausamkeit, die lange Gewohnheit zu einer zweiten blutrünstigen Natur gemacht hat, aufsprengen und verwandeln. Diese Abstumpfung lässt nämlich nicht lange auf sich warten: »Die Kinder, die beim Tod des ersten Huhns, das man vor ihren Augen umbringt, noch weinen, lachen beim zweiten« heißt es in *Il faut prendre un parti* (1772), und das liegt freilich daran, dass sie die Erwachsenen lachen sehen.

Mit seiner Forderung nach *humanité* gegenüber Tieren nähert sich Voltaire einem seiner geschätzten Vorläufer, Michel de Montaigne, fast bis zum Zitat an. Spricht Voltaire in seinem *Traité sur la tolérance* (1763) von einem göttlichen Befehl zur Menschlichkeit, nennt es Montaigne in seinem Essay *De la cruauté* (1580) schlechthin eine »allgemeinen Pflicht zur Menschlichkeit, nicht nur den Tieren gegenüber, die Leben und Empfindung besitzen, sondern selbst den Bäumen und den Pflanzen gegenüber. Wir sind den Menschen Gerechtigkeit schuldig, und Gnade und Wohlwollen allen anderen Wesen, die ihrer fähig sind.« Auch hier wird der Sonderstatus des Menschen deutlich, der ihn zwar erhebt, aber auch verpflichtet, und auch hier wird das Recht auf Schonung mit der Empfindungsfähigkeit (*sentiment* wie bei Voltaire) begründet.

Der Mangel an Mitgefühl liegt bei Montaigne in der *royauté imaginaire* begründet, der »eingebildeten Majestät« des Menschen. Voltaire schließt sich der Entlarvung dieser Einbildung an, wenn er konstatiert, dass der Mensch ein Tier unter Tieren ist. Das grundlegende Missverständnis betrifft das menschliche Selbstbild: Aus Hochmut haben wir uns aus der *égalité* des Lebendigen verabschiedet, sodass wir jene Ähnlichkeitsbeziehungen nicht mehr wahrnehmen, die unser Mitleiden motivieren könnten. Je weniger ein Wesen uns ähnelt, desto weniger, so Voltaire, berührt uns seine Qual, vom Tier über die Pflanze zum Stein. Aufklärung und Philosophie verstärken das Bewusstsein für diese Beziehung, in der Gesellschaft ebenso wie über die Artgrenze hinaus; der Ausdruck für dieses kultivierte, respektvolle Ähnlichkeitsbewusstsein ist *humanité*.

An der lebenspraktischen, kulturellen Differenz von zweihundertfünfzig Jahren ermisst sich der ganze Abgrund, den dieses kleine Büchlein mit Texten Voltaires öffnet. Neben der Qualität des Leidens, von der Kapaun und Masthuhn berichten, geht es auch um die Quantität des Leidens; letztere gehört für Voltaire rhetorisch zum Themenkreis des Krieges, für uns ist sie, ganz unrhetorisch, in der Landwirtschaft angekommen. Der Philosoph Gaspard Kœnig, ein heutiger Kollege Voltaires, bringt es auf den Punkt:

> Die unhaltbaren Zustände der industriellen Massentierhaltung produzieren eine Quantität an Leid, die vermutlich in der Geschichte des Lebens auf der Erde ihresgleichen sucht. Dieser Skandal wird uns in einigen Jahrhunderten ebenso unverzeihlich erscheinen wie die Sklaverei heute.

Gegen den Dünkel des Menschen und seinen unreflektierten Hochmut, gegen unnötige Grausamkeit und Ungerechtigkeit bezieht Voltaire, je älter er wird, immer entschiedener Stellung, so wie er in seinen letzten Jahren auch (endlich) zum Kriegsgegner wird und sich vom netten Deisten zum enttäuschten Agnostiker wandelt. Verbunden mit seinen Stellungnahmen ist stets die Hoffnung auf unblutigere Kriege in Europa, auf einen unblutigeren Alltag auf der Welt, auf ein von *humanité* und *raison* geleitetes Dasein. Nach diversen, für ihn unabsehbaren Fortschritten und Umwegen ist das 20. Jahrhundert beispiellos abgestürzt. Das 21. Jahrhundert muss mit Herz und Hirn loslegen, wenn es besser werden soll. Nur darum geht es, wie Voltaire in einem Geleitwort zu seinem *Poème sur le désastre de Lisbonne* (1756) schrieb: »Uns kann es egal sein, ob alles gut ist, vorausgesetzt, wir wirken dafür, dass alles besser wird, als es vorher war.«

Tobias Roth

Zum Autor

François-Marie Arouet (21.11.1694 – 30.5.1778) war unter seinem Pseudonym Voltaire der wohl bedeutendste und produktivste Schriftsteller der Aufklärung in Frankreich. Seine kritischen, teils provokanten Schriften brachten ihn wiederholt in Konflikt mit der französischen Krone und der katholischen Kirche. Ein bewegtes Leben mit Gefängnisaufenthalten und Exiljahren in England, einem langen Aufenthalt am Hof Friedrichs II. und in der Schweiz war die Folge. Neben seinen philosophischen Werken verfasste Voltaire auch zahlreiche Gedichte, Dramen, Romane und historische Sachbücher.

Zum Autor des Nachworts

Tobias Roth (*1985) lebt als Autor, Übersetzer und Herausgeber in München. Er ist Mitbegründer des Verlags Das Kulturelle Gedächtnis, in dem er auch zwei seiner Übersetzungen aus dem Werk Voltaires veröffentlichte (das Drama *Der Fanatismus oder Mohammed* 2017 und die Katechismensammlung *Gegen den Herrschaftsanspruch der Religionen* 2021). Seine Übersetzung des *Candide* erschien 2018 in der Officina Ludi, Hamburg. Der von Roth ausgewählte, übersetzte und mit Erläuterungen versehene Foliant *Welt der Renaissance* erschien 2020 im Galiani Verlag. Seit 2021 gibt er »Die grüne Reihe« im Sukultur Verlag heraus.